CONTRATO DE COMODATO

FERNANDO JORGE MARQUES DE MATOS
Juiz de Direito

CONTRATO DE COMODATO

ALMEDINA

CONTRATO DE COMODATO

AUTOR
FERNANDO JORGE MARQUES DE MATOS

EDITOR
EDIÇÕES ALMEDINA. SA
Rua da Estrela, n.º 6
3000-161 Coimbra
Tel.: 239 851 904
Fax: 239 851 901
www.almedina.net
editora@almedina.net

PRÉ-IMPRESSÃO • IMPRESSÃO • ACABAMENTO
G.C. – GRÁFICA DE COIMBRA, LDA.
Palheira – Assafarge
3001-453 Coimbra
producao@graficadecoimbra.pt

Abril, 2006

DEPÓSITO LEGAL
242711/06

Os dados e opiniões inseridos na presente publicação
são da exclusiva responsabilidade do(s) seu(s) autores.

Toda a reprodução desta obra, por fotocópia ou outro qualquer processo,
sem prévia autorização escrita do Editor,
é ilícita e passível de procedimento judicial contra o infractor.

Nota Introdutória

A ideia de escrever acerca do contrato de comodato surgiu no ano de 2003, quando me encontrava em exercício de funções na minha saudosa comarca de primeiro acesso – O Tribunal Judicial da Comarca de Vila Nova de Foz Côa.

Entretanto, porque ao longo deste tempo os afazeres profissionais não permitiram que eu colocasse em prática aquela minha ideia, o que só foi possível nestas férias judiciais do Natal, aqui fica agora o meu modesto contributo para o tema eleito, o qual é constituído, em grande parte, por uma recolha exaustiva da doutrina e jurisprudência portuguesa que escreveram sobre o assunto.

É, necessariamente, um trabalho despretensioso, cujo principal objectivo é dar a conhecer, através da doutrina e da jurisprudência dos nossos tribunais, o regime do contrato de comodato, bem como alguns dos problemas que se colocam em torno das disposições legais que o constituem.

Poderá, também, servir de elemento de reflexão e crítica aos práticos do direito, designadamente naqueles pontos em que a doutrina e a jurisprudência se dividem.

Pragal, 31 de Dezembro de 2005.

Fernando Jorge Marques De Matos

Artigo 1129.º

(Noção)

Comodato é o contrato gratuito pelo qual uma das partes entrega à outra certa coisa, móvel ou imóvel, para que se sirva dela, com a obrigação de a restituir.

Apontamentos:

Este contrato é designado tradicionalmente como "empréstimo", tem por objecto coisas determinadas, pois, se recair sobre coisas fungíveis, que se determinam pelo seu género, qualidade e quantidade (art. 207.º do CC), estamos perante um contrato de mútuo (arts. 1142.º e ss. do CC). Assim, pode-se afirmar que o comodato é um empréstimo de coisa infungível.

O legislador define-o como sendo um contrato gratuito, pelo qual uma das partes entrega à outra coisa móvel ou imóvel, para que se sirva dela, com a obrigação de a restituir. No art. 407.º do CC aparece traçado como sendo um contrato pessoal de gozo.

Tem natureza real (*quod* constitutionem), o que significa não ser suficiente o acordo de vontades, uma vez que o contrato só fica perfeito depois de ser entregue a coisa pelo comodante ao comodatário.[1]

É, pois, pelo acto da entrega, que o comodante investe o comodatário no direito de usar a coisa, o que implica o não uso por parte do comodante, demitindo-se este da sua posse com a prática do acto material de entrega.

---

[1] Vid. a este propósito Mota Pinto, Cessão da Posição Contratual, p. 11.

Por força do contrato, o comodatário adquire um direito pessoal de gozo sobre a coisa que é objecto do negócio.

Conforme foi decidido pelo tribunal da Relação de Coimbra, a afirmação feita a uma empregada doméstica, quinze dias antes de falecer, pelo proprietário de uma casa de habitação, de que, desde logo, e em recompensa dos serviços prestados, lha entregava para que nela vivesse, gratuitamente, enquanto quisesse, não integra contrato de comodato, por inexistência do requisito "entrega", ou seja, por falta de investimento pelo comodante no direito ao uso da coisa.[2]

Porém, nada impede que, antes da entrega de coisa certa, possa haver um contrato-promessa de comodato, nos termos dos arts. 410.º e ss. do CC, mas não o próprio contrato definitivo.

A este propósito importa aqui transcrever a seguinte anotação do Professor Vaz Serra ao Ac. do STJ, de 29/01/1980: "Não é contrato de comodato, atenta a sua função instrumental muito específica, o acordo realizado entre as partes de um contrato – promessa de compra e venda, pelo qual o promitente-vendedor faculta ao outro contraente o direito de uso e fruição do imóvel até à conclusão do contrato prometido ou a resolução ou caducidade do contrato-promessa.[3]

Esta matéria é desenvolvida por Ana Prata, no seu livro "O Contrato-Promessa E O Seu Regime Civil"[4], dando conta que à autores que entendem tratar-se de contratos de favor, em que a parte não deseja comprometer-se à celebração e só aceita a conclusão do contrato no momento em que entrega a coisa.

Para esta autora, tal concepção, quanto muito, só poderia abranger alguns dos contratos gratuitos, e encontra a sua razão de ser para aqueles que defendem a inadmissibilidade da execução específica do contrato-promessa de contrato real, uma vez que as

---

[2] Ac. da RC de 4/4/1989: CJ, 1989, 2.º-67.
[3] Rev. Leg. Jur., Ano 114.º P. 21.
[4] P. 317 e ss. e 921 e ss..

partes deveriam ser sempre livres de concluir ou não o contrato real.

Há ainda outros autores que negam a possibilidade de se celebrar um contrato-promessa de um contrato real *quoad constitutionem* com o argumento de que tal se traduziria em evitar a *datio rei* imprescindível à conclusão do negócio.

Finalmente, há outros autores, que embora digam que o contrato-promessa tenha um regime diferenciado, nomeadamente em matéria de execução forçada, que seria então inadmissível, afirmam a aceitabilidade do contrato-promessa de comodato (Orlando Gomes, Contratos, 2.ª ed., p. 313), salientando, porém, que ele tem a vantagem de evitar a entrega da coisa.

Para Ana Prata, que não participa na discussão que os civilistas vêm travando sobre a justificabilidade do contrato real, a existir este, parece-lhe claro que nada obsta à conclusão de um acordo preparatório dele, desacompanhado da entrega do bem, pois tal acordo, não constituindo ainda o contrato real, em nada frustra ou ilude a necessidade daquela entrega para a celebração do contrato real, que só mais tarde há-de ocorrer.

Diz ainda que a convicção da insusceptibilidade de execução forçada dos contratos-promessa de contratos reais é generalizada na doutrina tradicional, mas as suas razões não se afiguram transparentes. Dizer que o acto material de entrega de uma coisa não é judicialmente suprível não é, evidentemente, afirmação compreensível. É bem claro que, se há acto devido susceptível de execução forçada, esse é o acto de entrega de um bem determinado. Se é certo que a sentença não pode, por si, produzir os efeitos da entrega da coisa, isto é, colocar a parte na posse do bem, não se vê por que não pode ela ser complementada com uma decisão executiva de tal entrega, assim se aperfeiçoando a *fattispecie* correspondente ao contrato real, nem está demonstrado que, produzindo a sentença os efeitos do contrato recusado, não possa ela produzir esses efeitos independentemente da entrega da coisa, que poderá ser conseguida subsequentemente.

Quando se aceitem promessas de contratos reais, a objecção à respectiva execução específica parece só poder ser de natureza processual: a não cumulabilidade de um pedido constitutivo com um pedido executivo para entrega de coisa certa, como componente do primeiro. Na verdade, se a entrega do bem pode ser obtida judicialmente, o que sucede é que a mera decisão judicial numa acção de execução específica não pode fazer as vezes do contrato não celebrado, antes tendo de ser complementada com a apreensão judicial da coisa que é seu objecto.

Pode dizer-se que a lei não prevê a hipótese de a acção de execução específica de uma obrigação de contratar comportar esta componente executiva e que isso é bastante para a afastar. Talvez a objecção proceda. O que bastaria para afirmar-se que a obrigação de celebrar o contrato definitivo é então incompatível com a respectiva execução forçada, concebida esta, como se encontra, como uma mera sentença subrogatória do contrato principal. Bastaria, mas dificilmente convenceria. É que, citando G. La Rocca, a sentença não se limita a substituir a declaração de vontade do contraente faltoso, mas antes substitui o título jurídico dos efeitos do contrato, ela não tem de circunscrever-se, nem se circunscreve, àquela substituição, antes tem de ser complementada com as providências que se revelem indispensáveis para que o contrato não voluntariamente celebrado seja judicialmente substituído nos seus elementos estruturais e, por isso, nos seus efeitos.

P. Lima e A. Varela aceitam a possibilidade de ser realizado um contrato-promessa de comodato.[5]

Porém, A. Varela defende não ser possível a execução específica de tal contrato, por que a isso se opõe a natureza especial da prestação devida. Nestes casos, há perfeição do contrato não basta o mútuo consenso das partes, pois, a este tem ainda de acrescer um acto material de entrega da *res*, que a lei capricha em deixar entregue à livre decisão de uma das partes até à consumação do acto.

---

[5] CC Anotado, Vol. II, 4.ª ed., p. 741.

Quando, por qualquer circunstância, seja por não haver cabimento à execução específica, seja por ter havido violação irreversível da promessa, seja porque a realização da promessa se tornou impossível, a única sanção possível contra o inadimplente culpado, se o houver, é, obviamente, a da indemnização dos danos causados à outra parte.[6]

Da mesma opinião partilha o Professor Almeida Costa, ou seja, para ele também não é possível haver execução forçada de contrato-promessa de comodato.[7]

Para este Professor, relativamente ao pressuposto constante do art. 830.º, n.º 1, do CC, "... sempre que a isso não se oponha a natureza da obrigação assumida", o mesmo verifica-se quando se trata de promessa de contrato que, pela índole da prestação prometida e o carácter dos interesses em jogo, não se concilia razoavelmente com a realização coactiva, ou esta, através da sentença judicial respectiva não possa produzir os efeitos do contrato-prometido.

Encontram-se no primeiro caso, a promessa de doação ou de prestação de serviço e pertencem ao segundo caso, as promessas de contratos típicos de penhora, comodato, mútuo e depósito, visto que a sua celebração, enquanto contratos reais depende não só das declarações de vontade, mas também da prática do acto material de entrega de uma coisa – o que não é judicialmente suprível.[8]

Finalmente, também Galvão Telles define os contornos da "natureza da obrigação assumida" para afastar a possibilidade de execução específica, dizendo o seguinte: "Tal acontece sempre que o acto prometido não possa, pela sua estrutura ou formalismo, ser substituído por uma sentença, ou apresenta uma índole pessoal que, por vontade inequívoca da lei, justifique deixar-se às partes liberdade de facto de não celebrar o contrato definitivo, mantendo

---

[6] Das Obrigações Em Geral, Vol. I, 10.ª ed., p. 365-367.

[7] Direito das Obrigações, 8.ª ed., p. 378 e ss..

[8] Almeida Costa, Contrato-Promessa, p. 49-50.

assim até ao último momento a possibilidade de não se vincularem definitivamente, embora incorrendo em responsabilidade por violação do dever resultante do contrato-promessa".[9]

Tendo os promitentes, vendedor e comprador, de uma garagem, obrigados por contrato-promessa apenas reduzido a escrito, anuído em cedê-la e ocupá-la com o propósito de antecipar um dos resultados práticos do negócio prometido, tal tradição não se deu por efeito do contrato-promessa, pois este não teve efeitos reais, mas de um outro contrato obrigacional, a ele paralelo, celebrado entre os mesmos.

Este contrato obrigacional, que uns autores classificam como comodato e outros como contrato atípico inominado, só termina com a celebração da escritura de compra e venda ou com a resolução do contrato-promessa.[10]

Continuando a análise do contrato de comodato, este distingue-se da locação essencialmente pela sua não onerosidade[11]. Quer isto dizer que o comodante não tem direito a qualquer retribuição do comodatário pelo uso da coisa objecto do contrato. Ou seja, não há a cargo do comodatário prestações que constituam o equivalente ou o correspectivo da atribuição efectuada pelo comodante.

Nenhuma das obrigações discriminadas no art. 1135.º do CC está ligada a esta atribuição pelo nexo próprio do sinalagma, ou mesmo dos contratos onerosos.

Apesar de gratuito, o contrato não deixa de ser em regra um contrato bilateral imperfeito: o contrato envolve obrigações, não só para o comodatário, mas também para o comodante. Não há porém, entre umas e outras, a relação de interdependência e reciprocidade que, através do sinalagma, define os contratos bilaterais ou sinalagmáticos (perfeitos).

Se em troca do uso da coisa, o contraente, que a recebe, promete alguma prestação, o contrato deixa de ser comodato e

---

[9] Direito das Obrigações, 6.ª ed., p. 121-122.
[10] Ac. do STJ de 25/06/1986, BMJ, 358.º-523.
[11] Menezes Cordeiro, Reais, 1979, 999.

passa a ser de arrendamento, de aluguer ou um contrato atípico, consoante os casos.[12]

Tendo sido acordado o pagamento de uma quantia mensal pelo uso do prédio pelo réu, a qualificação de comodato tem de considerar-se desde logo afastada visto que por força do artigo 1129.º do CC o comodato é um contrato gratuito.

É de arrendamento o contrato pelo qual a autora se obrigou a proporcionar ao réu o gozo temporário de um prédio mediante o pagamento de determinada importância mensal (artigos 1022.º e 1023.º do CC).

Não obsta aquela conclusão a circunstância de o gozo do prédio por parte do réu ter sido acordado "a título provisório, até que o prédio fosse demolido e por cerca de um ano", pois que o gozo que se proporciona pelo arrendamento é justamente um gozo temporário, o que, no entanto, não concede ao senhorio o direito de denúncia para o termo do prazo (artigo 1095.º do citado diploma).[13]

Entendeu o Tribunal da Relação do Porto que "A cedência de um veículo automóvel, com a obrigação de posteriormente restituí-lo e que não consistia numa contrapartida salarial, por parte de uma empresa a um seu empregado, com o fim de este apenas utilizá-lo no âmbito das suas funções (prospecção de mercado) e ainda nas suas deslocações emprego/casa, integra um contrato de comodato.[14]

Estando as partes de acordo em que foi devidamente autorizada pela requerida, e a título gratuito, que, em Fevereiro de 1975, o requerente – Partido Socialista – ocupasse o prédio em questão, para instalação de uma das suas sedes, a situação que se criou entre ambos é coberta pela lei e não necessita, portanto, de ser

---

[12] P. Lima e A. Varela, CC Anotado, Vol. II, 4.ª ed., p. 742.

[13] Ac. do STJ de 17/06/1982, processo n.º 069953, disponível em http://www.dgsi.pt..

[14] Ac. da RP de 25/02/2002, CJ, Ano XXVII, 2002, 1.º-214.

legalizada: recorrente e recorrida celebraram um contrato de comodato, nos termos do artigo 1129.º do CC, que há que respeitar enquanto não for resolvido pelo meio próprio.[15]

Contudo, a gratuidade do comodato não impede que o comodante possa impor ao comodatário certos encargos (cláusulas modais), como de pagar a contribuição autárquica ou outros impostos devidos e relativos ao prédio cedido. Tal como nas doações (art. 963.º do CC), os encargos não atribuem natureza correspectiva às prestações; apenas limitam o direito conferido gratuitamente.[16]

Decidiu o STJ[17] que é de comodato o contrato em que uma das partes entrega à outra uma fracção autónoma mobilada de um prédio urbano para que nela viva, pagando o comodatário as prestações mensais do empréstimo contraído pelo comodante para a compra da fracção, e pagando também a contribuição predial, os prémios de seguro de incêndio e as quotas-partes das despesas de condomínio, se o real intento dos contratantes não foi o de obter frutificação do andar mas o de concretizar uma liberalidade.

Além de ser gratuito, o comodato é um contrato de execução continuada ou periódica, visto se prolongar a utilização da coisa emprestada até à sua restituição.

Quanto à forma, o contrato de comodato segue as regras gerais dos arts. 217.º e ss. do CC, vigorando o princípio da liberdade de forma previsto no art. 219.º do CC. Por isso, o comodato é válido independentemente da observância de qualquer forma.

Em suma, para que haja comodato torna-se essencial a entrega da coisa a fim de que a pessoa a quem o seu gozo é cedido se possa servir dela, com a obrigação de a restituir e a gratuidade do contrato.[18] É um contrato baseado em razões de cortesia, cuja

---

[15] Ac. do STJ de 06/05/1982, processo n.º 069776, disponível em http:/ / www. dgsi. pt..

[16] P. Lima e A. Varela, CC Anotado, Vol. II, 4.ª ed., p. 742.

[17] Ac. do STJ de 18/05/1995, processo n.º 086590, disponível em http:/ / www. dgsi. pt..

[18] A. Varela, RLJ, 119.º-186.

causa é um mero favor ou gentileza, e cuja função social é o cómodo ou proveito do comodatário: é celebrado apenas em seu benefício ou no seu interesse, para cómodo e proveito do beneficiário da atribuição gratuita, para que este use a coisa e restitua quando lhe for exigida ou no termo do prazo acordado.

Nas Ordenações (Livro I, Título III) definia-se da seguinte forma o comodato: "É chamado comodato porque se dá para cómodo e proveito somente do que recebe a cousa".

P. de Lima e A. Varela defendem que não há "na estrutura do comodato a obrigação a cargo do comodante de não repetir a coisa comodatada durante o período da vigência do contrato", porque a própria "entrega já é feita sob o signo da temporalidade".[19]

Para José Andrade Mesquita, se o comodante entrega a coisa ao comodatário para que este a use durante determinado prazo, forçosamente tem de entender-se que ele fica obrigado a não a repetir enquanto esse prazo não decorrer, pois não se vê que outro enquadramento possa explicar tal vinculação.[20]

No âmbito da sociedade conjugal, "Carece do consentimento de ambos os cônjuges, salvo se entre eles vigorar o regime de separação de bens: A alienação, oneração, arrendamento ou constituição de outros direitos pessoais de gozo sobre imóveis próprios ou comuns"– art. 1682.º-A, n.º 1, al. a), do CC.

Por outro lado, nos termos do n.º 2 da mesma disposição legal, "A alienação, oneração, arrendamento ou constituição de outros direitos pessoais de gozo sobre a casa de morada de família carece sempre do consentimento de ambos os cônjuges". O regime deste n.º 2 aplica-se mesmo na separação de bens, isto porque, no n.º 1, ressalvou-se a possibilidade de entre os cônjuges vigorar o regime da separação de bens.

"Os outros direitos direitos pessoais de gozo" a que alude o n.º 2 da citada disposição legal são, entre outros, o comodato.

---

[19] CC Anotado, Vol. II, 4.ª ed., p. 742.
[20] José Andrade Mesquita, Direitos Pessoais DE Gozo, p. 47.

Assim, estando em causa a celebração de um contrato de comodato tendo por objecto a casa de morada família, qualquer que seja o regime de bens do casamento, exige-se o consentimento comum.

Se um dos cônjuges celebrar isoladamente um contrato de comodato que abranja esses bens, tal contrato será anulável a requerimento do outro cônjuge (art. 1687.º do Cód. Civil).

"Tendo a união de facto (entre duas pessoas de sexo diferente) terminado antes da publicação da Lei n.º 7/2001, de 11 de Maio, um companheiro não podia exigir judicialmente do outro, ao abrigo do art. 1793.º do C. Civil, o arrendamento da casa própria deste.

A situação de uma pessoa haver adquirido bens com a colaboração de outra no âmbito de uma relação de união de facto só é, eventualmente, susceptível de relevar para o efeito de se reconhecer a existência de uma sociedade de facto ou de uma situação de compropriedade ou no quadro do instituto do enriquecimento sem causa.

A afirmação de que a apelante e a filha foram viver para a casa em causa a instância do apelado para reduzir despesas e operar a compensação pela vida em comum que tiveram não basta para que se conclua pela existência de declarações negociais convergentes relativas a um contrato de comodato".[21]

Relativamente aos pais, o art. 1889.º não inclui o comodato de bens do menor entre os actos sujeitos a autorização do Ministério Público, nem em relação ao tutor, protutor e administrador de bens se proíbe ou sujeita a autorização do Ministério Público a celebração de contratos de comodato (arts. 1937.º, 1938.º, 1956.º b) e 1971.º). Daqui parece resultar que os contratos de comodato celebrados por estas entidades serão válidos, ainda que susceptíveis de os constituir em responsabilidade por desvio dos fins da administração.[22]

---

[21] Ac. da RL de 18/12/2002, processo n.º 00102736, disponível em http: // www. dgsi. pt..

[22] Luís Manuel Teles DE Menezes Leitão, Direito Das Obrigações, Vol. III, Contratos Em Especial, 3.ª ed., p. 373.

ARTIGO 1130.º

(Comodato fundado num direito temporário)

1. Se o comodante emprestar a coisa com base num direito de duração limitada, não pode o contrato ser celebrado por tempo superior; e, quando o seja, reduzir-se-á ao limite de duração desse direito.

2. É aplicável ao comodato constituído pelo usufrutuário o disposto nas alíneas *a*) e *b*) do artigo 1052.º.

Apontamentos:

A legitimidade substantiva do comodante para a celebração de um contrato de comodato não depende de o mesmo ser titular do direito de propriedade sobre a coisa comodatada.

No n.º 1 desta disposição legal, o legislador trata do problema do comodato ser celebrado por comodante com base num direito temporário, o que sucede sempre que este não seja titular de um direito de propriedade sobre a coisa emprestada, mas sim de um outro direito que tenha duração limitada.

Caso o comodante empreste a coisa com base num direito de duração limitada, por força do n.º 1 do art. 1130.º do CC, o contrato não pode ser celebrado por tempo superior, o que se compreende, uma vez que "ninguém pode transmitir a outrem mais direitos do que aqueles que tem".

Por outro lado, compreende-se que assim seja, uma vez que, caso contrário, iria vincular indefinidamente o futuro titular de direito real.

O caso mais vulgar é o do contrato celebrado pelo usufrutuário. Se o usufruto é vitalício, o comodato cessa pela morte do comodante; se o usufruto é a prazo, cessa pelo decurso deste. A disposição é igualmente aplicável em todos os casos de administração de bens alheios, quando cessem os poderes de administração em que se fundou o negócio.[23]

Na eventualidade do comodante emprestar a coisa por tempo superior ao seu direito temporário, estipula a citada disposição legal que o contrato reduzir-se-á ao limite de duração do direito do comodante. Aplica-se a esta redução o disposto no art. 292.º do CC.

Quanto ao comodato constituído por usufrutuário, o legislador determina a aplicação do regime da locação, remetendo para as excepções previstas nas alíneas a) e b) do art. 1052.º do CC.

Quer isto dizer, que o comodato não caduca se for celebrado pelo usufrutuário e a propriedade se consolidar na sua mão, o mesmo sucedendo se o usufrutuário alienar o seu direito ou renunciar a ele, porque nestes casos o contrato só caduca pelo termo normal do usufruto.

Assim, sendo o comodante usufrutuário, caso a propriedade se consolide na sua mão, por o mesmo ter adquirido a nua propriedade, o contrato não caduca, muito embora tenha sido celebrado por tempo superior ao do direito de usufruto.

Na verdade, não obstante a extinção do usufruto (direito que permitiu ao usufrutuário dar a coisa em comodato), compreende-se que o comodato subsista por entretanto o usufrutuário ter adquirido a propriedade plena sobre a coisa comodatada.

A este respeito dizem os Professores P. Lima e A. Varela que a consolidação da propriedade com o usufruto nas mãos do usufrutuário não faz caducar o contrato. Os poderes que este tinha, e com base nos quais foi celebrado o negócio jurídico, não cessam: apenas se integram nos poderes gerais do proprietário.[24]

Para além disso, não caduca o comodato, se o usufrutuário alienar o seu direito ou renunciar a ele, porque nestes casos o contrato só caduca pelo termo normal do usufruto.

---

[23] P. Lima e A. Varela, CC Anotado, Vol. II, 4.ª ed., p. 744.
[24] CC Anotado, Vol. II, 4.ª ed., p. 732, nota 3 e 745 nota 3.

Nos casos em que à renúncia ao usufruto consolida-se, como se sabe, a propriedade plena. Contudo, esta é uma das situações em que prevalece o direito de crédito do comodatário sobre o direito real do proprietário do bem.

Por outro lado, o usufrutuário pode trespassar a outrem o seu direito, definitiva ou temporariamente, bem como onerá-lo, salvas as restrições impostas pelo título constitutivo ou pela lei – art. 1444.º, n.º 1, do CC.

Se isso vier a acontecer, a alienação do usufruto não implica a extinção do comodato, ficando o adquirente investido nos mesmos direitos e obrigações do usufrutuário alienante.

Portanto, o direito do comodatário é oponível ao terceiro, sendo uma das excepções a que alude o art. 406.º, n.º 2, do CC.

Procura-se evitar que, por vontade exclusiva do comodante, este possa pôr termo ao contrato antes do vencimento do prazo. Tanto mais que os interesses do novo usufrutuário ou do proprietário estão suficientemente acautelados através do disposto nos artigos 1137.º e 1140.º[25].

Artigo 1131.º

(Fim do contrato)

Se do contrato e respectivas circunstâncias não resultar o fim a que a coisa emprestada se destina, é permitido ao comodatário aplicá-la a quaisquer fins lícitos, dentro da função normal das coisas de igual natureza.

Apontamentos:

Esta disposição legal reproduz quase na integra o disposto no art. 1027.º do CC, aplicável ao regime da locação.

---

[25] P. Lima e A. Varela, CC Anotado, Vol. II, 4.ª ed., p. 745.

Atento o princípio da liberdade contratual consagrado no art. 405.º do CC, os contraentes podem livremente fixar o fim a que a coisa emprestada se destina, desde que esse fim seja lícito, uma vez que não são permitidos negócios contrários à lei, à ordem pública ou ofensivos dos bons costumes – art. 281.º do Cód. Civil.

A determinação do fim, de harmonia com o disposto no artigo 1131.º, pode resultar do contrato e respectivas circunstâncias. Pode, portanto, haver uma declaração expressa de vontade ou uma declaração tácita (cfr. art. 217.º), como quando se empresta um cavalo, normalmente utilizado em exercício de equitação, afastando-se tacitamente a ideia de ele ser utilizado como animal de tracção. Quanto às circunstâncias têm que ser anteriores à celebração do contrato ou contemporâneas dele, não podendo ser supervenientes nem criarem uma vontade diferente da vontade originária.[26]

É pelo fim da coisa, que se poderá avaliar se o comodatário cumpre ou não as obrigações estabelecidas nas alíneas c) e d) do artigo 1135.º do Cód. Civil.

O legislador não previu a hipótese de a casa de morada da família ser emprestada, ou melhor: de o direito que possibilita a habitação da família na casa ser resultante de um contrato de comodato (arts. 1129.º e ss.). Todavia, nem por isso pode deixar de entender-se que o espírito do sistema aponta no sentido da generalização (...) das restrições impostas pelos arts. 1682.º-A, n.º 2 e 1682.º-B, por forma a abranger todos os actos de disposição de quaisquer direitos pelos quais é assegurada a habitação da família na casa. Assim, não pode o cônjuge comodatário, sem o consentimento do outro: utilizar a casa para fim diverso, ainda que do contrato não resulte o fim a que esta se destina (arts. 1131.º e 1135.º, alínea c), ambos do CC).[27]

---

[26] P. Lima e A. Varela, CC Anotado, Vol. II, 4.ª ed., p. 746.

[27] Nuno DE Salter Cid, A Protecção Da Casa De Morada Da Família No Direito Português, p. 229.

Artigo 1132.º

(Frutos da coisa)

Só por força de convenção expressa o comodatário pode fazer seus os frutos colhidos.

Apontamentos:

A noção de fruto é dada pelo art. 212.º, n.º 1, do Cód. Civil, dizendo-se que é fruto de uma coisa tudo o que ela produz periodicamente, sem prejuízo da sua substância.

Quanto à sua classificação, os frutos são naturais ou civis; os primeiros provêm directamente da coisa. Os segundos são as rendas ou interesses produzidos pela coisa em consequência de uma relação jurídica – art. 212.º, n.º 2, do CC.

Também são considerados frutos as crias das universalidades de animais que não sejam destinadas à substituição das cabeças que por qualquer causa vierem a faltar – art. 212.º, n.º 3, do CC.

Se o comodatário tem um direito em usar a coisa, de acordo com os fins do contrato, já não pode frui-la, uma vez que esta possibilidade só existe se houver convenção expressa nesse sentido (artigos 1129.º e 1132.º, ambos do Cód. Civil).

Por isso, por mero efeito do contrato, o comodante não perde a faculdade de fruir a coisa, direito que expressamente é atribuído ao proprietário pelo art. 1305.º do Cód. Civil.

Havendo declaração expressa no sentido de que o comodatário poderá fruir a coisa, este tem o direito de fazer seus os frutos naturais ou civis produzidos por aquela. Assim, se for emprestado um rebanho de ovelhas, as crias que não sejam destinadas à substituição das cabeças que por qualquer causa vierem a faltar, são considerados frutos, por força do citado art. 212.º, n.º 3, do CC, podendo o comodatário fazer suas essas crias.

Contudo, uma vez que não é proprietário da coisa, o comodatário só adquire um direito de propriedade sobre os frutos naturais no momento da colheita.

Se a coisa comodatada for uma vaca, o comodatário só adquire o direito de propriedade sobre o leite quando ordenhar o animal para lhe tirar o leite. Antes disso, tem um direito a esse fruto, mas não um direito de propriedade sobre o mesmo.

ARTIGO 1133.º

(Actos que impedem ou diminuem o uso da coisa)

1. O comodante deve abster-se de actos que impeçam ou restrinjam o uso da coisa pelo comodatário, mas não é obrigado a assegurar-lhe esse uso.

2. Se este for privado dos seus direitos ou perturbado no exercício deles, pode usar, mesmo contra o comodante, dos meios facultados ao possuidor nos artigos 1276.º e seguintes.

Apontamentos:

No comodato, como não há contraprestação, fundando-se o acto numa simples razão de cortesia, não se justifica qualquer obrigação em relação ao comodante, este entrega o que tem e nas condições de uso em que se encontrar.[28]

É, ainda por isso, que o art. 1134.º do CC preceitua que o comodante não responde pelos vícios ou limitações do direito nem pelos vícios da coisa, excepto quando se tiver expressamente responsabilizado ou tiver procedido com dolo.

Assim, contrariamente ao que sucede na locação, em que o locador está obrigado a assegurar ao locatário o gozo da coisa para

---

[28] P. Lima e A. Varela, CC Anotado, Vol. II, 4.ª ed., p. 748.

Artigo 1133.º – *Actos que impedem ou diminuem o uso da coisa*

os fins a que esta se destina, não existe no comodato semelhante obrigação do comodante em assegurar ao comodatário o uso da coisa. O comodante está apenas obrigado a abster-se de actos que impeçam ou restrinjam esse uso. Ou seja, é justamente por ser um contrato gratuito que a responsabilidade do comodante está muito atenuada, conforme resulta do art. 1134.º do CC, tendo o legislador entendido que se deve isentá-lo não só da responsabilidade por actos que um terceiro leve a cabo, como ainda por todas as deteriorações que a coisa venha a sofrer (quer provocadas por uma causa natural, quer pelo próprio comodatário).

A este propósito, José Andrade Mesquita tem a seguinte posição[29], "... se o comodante não tivesse que garantir, de nenhuma forma, o uso ao comodatário, o comodato não ofereceria aquele mínimo de consistência de que um vínculo jurídico deve estar sempre revestido. O comodante deve assegurar o gozo na medida em que garante a existência, na sua esfera jurídica, de um direito que lhe permite dar a coisa em comodato, sendo a obrigação de assegurar o gozo, neste sentido, comum a qualquer concedente. Ora, garantindo o comodante, necessariamente, a existência do direito-matriz, não se compreenderia que ficasse isento de qualquer obrigação quanto a esse mínimo por si garantido, não sendo nomeadamente obrigado a defender o comodatário dos ataques jurídicos efectuados por terceiros. O artigo 1133.º, quando estatui, na parte final do seu n.º 1, que o comodante não é obrigado a assegurar o uso ao comodatário, tem apenas em vista a consistência da própria coisa sobre que incide o comodato, querendo significar que o concedente não é obrigado a garantir tal consistência. O comodante, por conseguinte, só não é obrigado a reagir contra ataques meramente factuais ou materiais levados a cabo por terceiros contra a coisa emprestada, nem a intervir para reparar danos causados nesta por qualquer outra forma (quer naturalmente, quer pelo próprio comodatário).

---

[29] *Direitos Pessoais de Gozo*, p. 217.

Em face do exposto, deve entender-se que ao comodatário assiste o direito de reagir autonomamente contra terceiros que cometam ataques meramente factuais ... Concretamente, deve reconhecer-se também ao comodatário a possibilidade de reagir contra ataques materiais juridicamente fundamentados, e ainda contra ataques meramente jurídicos, nos exactos termos referidos quanto à locação".

Ao comodatário, enquanto se mantiver licitamente no uso da coisa, ou seja, desde que não impenda sobre o mesmo a obrigação de restituir o bem ou verificada a resolução do contrato, assiste-lhe o direito, mesmo contra o comodante, de fazer uso dos meios facultados ao possuidor nos artigos 1276.º e ss. do CC. Aqui se incluindo o procedimento cautelar especificado de restituição provisória da posse (arts. 393.º e ss. do CPC), sempre que for privado dos seus direitos ou perturbado no exercício deles.[30]

Com efeito, embora seja pressuposto desta medida cautelar a qualidade de possuidor decorrente do exercício de poderes de facto sobre uma coisa por forma correspondente ao direito de propriedade ou de outro direito real, conforme prevê o art. 1251.º do CC, a lei estendeu aos titulares de outros direitos sem natureza real a tutela possessória. Assim sucede com o comodatário quando se veja impedido de exercer sobre os bens os poderes inerentes à respectiva qualidade.[31]

Também ao comodatário é permitido o acesso ao procedimento cautelar especificado de embargo de obra nova, tendo em conta a expressão *qualquer outro direito pessoal de gozo* constante do art. 412.º, n.º 1, do CPC.

A disciplina processual contida no artigo 418.º do Código Processo Civil vigora para o embargo judicial de obra nova e para a ratificação do embargo extrajudicial, mas o embargo extrajudicial

---

[30] Ac. da RL de 13/12/1997, CJ, I, p. 126.

[31] Vid. Abrantes Geraldes, Temas Da Reforma Do Processo Civil, IV Vol., p. 29 e ss.

obedece, unicamente, aos requisitos previstos no n.º 2 do artigo 412.º desse Código.

Deve deferir-se a providência da ratificação do embargo de obra nova havendo prova de que o requerente é o proprietário do prédio em causa e de que o contrato de comodato que celebrara com o requerido não autorizava este a efectuar obras.[32]

A lei faculta aqui o exercício das acções possessórias a um mero detentor, defendendo este a sua posse precária e não a posse do possuidor em nome próprio, uma vez que aquele a pode defender mesmo contra o comodante.

Quanto ao fundamento da extensão da tutela possessória aos detentores, P. Lima e A. Varela entendem que estes são titulares de direitos de natureza obrigacional e as normas excepcionais que lhes conferem a tutela possessória permitem a sua actuação como representantes do possuidor, ou seja, como representantes daquele em nome de quem possuem.[33]

Para Menezes Cordeiro, a tutela possessória justifica-se na medida em que os detentores são, em bom rigor, exceptuando-se o depositário, titulares de relações de natureza real. O recurso aos meios possessórios permite-lhes a tutela de um direito próprio ou, se se quiser, de uma posse própria e causal.[34]

Assim, se o comodatário tiver justo receio de ser perturbado ou esbulhado por outrem, deve intentar uma acção de prevenção art. 1276.º do CC)..

Além disso, se for perturbado ou esbulhado pode manter-se ou restituir-se por sua própria força e autoridade, nos termos do artigo 336.º, ou recorrer ao tribunal para que este lhe mantenha ou restitua a posse (art. 1277.º do CC).

---

[32] Ac. da RP de 25/09/1997, processo n.º 9751089, disponível em http: // www. dgsi. pt..

[33] CC Anotado, Vol. III, p. 6 e ss.

[34] Direitos Reais, Vol. I, p. 981, 996 e 1001.

Caso seja perturbado ou esbulhado da coisa será mantido ou restituído enquanto não for convencido na questão da titularidade do direito (art. 1278.º, n.º 1, do CC).

Finalmente, na eventualidade de ser esbulhado com violência, o comodatário tem o direito de ser restituído provisoriamente à sua posse, sem audiência do esbulhador (art. 1279.º do CC).

No que diz respeito à posse do proprietário, se houver ameaça de turbação, ou efectiva turbação ou esbulho, deve o comodatário avisar imediatamente o comodante, desde que o facto seja por este ignorado – art. 1135.º, alínea g), do CC.

Sendo um detentor precário (art. 1253.º do CC), o comodatário não pode adquirir para si, por usucapião, o direito possuído, excepto achando-se invertido o título da posse; mas, neste caso, o tempo necessário para a usucapião só começa a correr desde a inversão do título (art. 1290.º do CC).

A inversão só pode dar-se por dois meios: por oposição do detentor do direito contra aquele em cujo nome possuía, ou por acto de terceiro capaz de transferir a posse – art. 1265.º do CC.

O comodatário tem o *animus detinendi* e não o *animus possidendi*.

É, por isso, um mero detentor, uma vez que possui em nome de outrem – art. 1253.º, alínea c), *in fine*, do Cód. Civil.

Sendo penhorada coisa pertencente ao executado comodante, mas estando ela a ser usada pelo terceiro comodatário, poderá este opor-se à penhora mediante embargos de terceiro, preventivos ou repressivos, de harmonia com o disposto nos arts. 351.º e ss. do Cód. Proc. Civil?

Estabelece o art. 351.º, n.º 1, do Cód. Proc. Civil: "Se a penhora, ou qualquer acto judicialmente ordenado de apreensão ou entrega de bens, ofender a posse ou qualquer direito incompatível com a realização ou o âmbito da diligência, de que seja titular quem não é parte na causa, pode o lesado fazê-lo valer, deduzindo embargos de terceiro".

Por outro lado dispõe o art. 831.º do mesmo diploma legal: "Os bens do executado são apreendidos ainda que, por qualquer título, se encontrem em poder de terceiro, sem prejuízo, porém, dos direitos que a este seja lícito opor ao exequente".

Finalmente, preceitua o art. 1285.º do Cód. Civil, após as alterações introduzidas pelo art. 5.º do Dec-Lei n.º 38/2003, de 8 de Março: "O possuidor cuja posse for ofendida por penhora ou diligência ordenada judicialmente pode defender a sua posse mediante embargos de terceiro, nos termos definidos na lei de processo".

Os embargos de terceiro, como meio de oposição à penhora, são configurados na lei como um meio possessório, paralelo às acções de prevenção, manutenção e restituição da posse (arts. 1276.º CC e 1278.º CC), facultando ao possuidor em nome próprio que lance mão dos mesmos (art. 1285.º CC), mas não ao simples detentor de facto e ao possuidor em nome alheio (que o art. 1253.º CC equipara) que não goza da presunção de propriedade de que goza o possuidor em nome próprio.

Tem sido entendido pela doutrina e jurisprudência, que os titulares de direitos pessoais de gozo sobre os bens penhorados (como é o caso do comodatário), que por serem titulares de meros direitos de crédito contra o executado ou contra terceiro, dono do bem penhorado ou de direito real menor sobre ele, devem ver os seus embargos de terceiro julgados improcedentes, se os fundarem somente no seu direito incompatível, visto que a penhora do bem (atento o direito real de garantia que dela decorre) sobre que incide o seu direito pessoal de gozo prevalece sempre sobre o vínculo obrigacional em que aqueles terceiros são partes, apesar da eventual titularidade de um interesse próprio deste terceiro ao exercício daquele direito.

O comodatário, como possuidor precário e em nome alheio que é, não está contemplado como terceiro e portanto, não está legitimado, como tal, a deduzir embargos à execução em que é ordenada diligência ofensiva da posse do bem comodatado.

Por isso, o comodatário só poderá com sucesso embargar de terceiro, caso alegue e prove a ofensa da posse em nome alheio relativa a pessoa diversa do executado, e desde que essa pessoa intervenha na execução para defender o seu direito real.

Concluindo: Se o comodatário possuir a coisa penhorada em nome do executado, os embargos de terceiro não são admissíveis, pois no conflito entre o direito real constituído através da penhora e o direito de crédito (independentemente da data da sua constituição), prevalece aquele; a expressão *mesmo contra o comodante* utilizada no art. 1133.º, n.º 2, não tem aplicação no caso do incidente de embargos de terceiro, em que não está em causa a defesa do possuidor em nome alheio em face da pessoa que através dele possui, mas a sua defesa perante o terceiro exequente que, através da penhora, agride o património dela. Ao invés, se a posse tiver lugar em nome dum terceiro, já o comodatário tem legitimidade para embargar, em substituição processual daquele. Para tanto, terá de alegar e provar o título da sua posse e identificar a pessoa em nome de quem possui, contrariamente ao que sucede para o possuidor em nome próprio.

O comodatário apenas tem um interesse próprio em continuar no gozo da coisa que contratualmente detêm. E, se assim é, não pode ser apreendida a coisa que se encontra sob o seu uso e fruição. O que não significa que não possa ser vendida em execução para pagamento de quantia certa, por tal acto não implicar a entrega material do bem, que continuará a ser usado pelo comodatário, desde que nomeado depositário da coisa penhorada, havendo apenas substituição da pessoa do comodante, e, deixando de produzir efeitos o contrato, somente quando se verifique uma das situações a que aludem os arts. 1137.º, 1140.º e 1141.º do CC.[35]

---

[35] Cfr. a este respeito, Lebre de Freitas, A Acção Executiva, 3.ª ed., p. 237 e ss.,; Remédio Marques, Curso de Processo Executivo Comum, p. 307 e ss.; Fernando Amâncio Ferreira, Curso de Processo de Execução, 3.ª ed., p. 225 e ss.; Ac. da RC de 01/03/1994, CJ, II, p. 8.

Na verdade, o adquirente do bem assume a propriedade nos precisos termos em que dela era titular o anterior proprietário executado. Ou seja, o adquirente é um continuador do anterior titular, subsistindo o comodato celebrado como encargo da propriedade transmitida.

Sobre a questão em apreço pronunciou-se Miguel Mesquita nos seguintes termos:[36]

Tudo se resume a saber se o direito de gozo do comodatário é susceptível de impedir a penhora do objecto comodatado e, não sendo susceptível de a impedir, se deverá ou não assegurar-se-lhe a detenção da coisa.

Para isso, continua o referido autor, há que distinguir duas hipóteses:

1 – O comodatário – embargante – alega a existência de um contrato no qual não foi estabelecido qualquer prazo para a restituição da coisa.

Ora, nesta hipótese, como o comodatário está obrigado a restituir a coisa logo que seja exigido pelo executado comodante (art. 1137.º, n.º 2, do CC), tratando-se, pois, de um contrato que não está sujeito a qualquer prazo, o tribunal pode legitimamente sub-rogar-se ao comodante e penhorar a coisa que se encontra na disponibilidade material do terceiro comodatário.

Por conseguinte, os embargos deduzidos pelo comodatário devem ser indeferidos liminarmente.

2 – O comodatário alega um contrato sujeito a prazo.

Neste caso, o comodatário só é obrigado a restituir a coisa findo o contrato (art. 1135.º, alínea h), do CC).

Também aqui não pode o terceiro comodatário reagir através de embargos de terceiro.

Isto porque, em primeiro lugar, o direito de gozo proveniente do comodato é insusceptível de impedir a penhora da coisa, uma

---

[36] Apreensão De Bens Em Processo Executivo E Oposição De Terceiro, 2.ª ed., p. 193 e ss., 232 e ss., e 271 e ss..

vez que o proprietário tem sempre legitimidade substantiva para alienar ou onerar a coisa comodatada em benefício de quem quer que seja. E, contra tais actos, nada pode fazer o comodatário, o mesmo sucedendo em relação à oneração resultante da penhora.

E deverá assegurar-se ao terceiro comodatário, até ao termo do contrato de comodato, a detenção que exerce sobre a coisa?

Demos de novo a palavra a Miguel Mesquita que, neste ponto, diverge dos autores citados na nota de rodapé número 35.

Para ele, a penhora não tem de respeitar a detenção do comodatário, não sendo sequer obrigatória a sua nomeação como depositário da coisa penhorada.

Embora o direito do comodatário seja oponível ao comodante, tal direito não pode subsistir após a venda executiva da coisa – é sempre um direito pessoal inoponível a terceiros, uma vez que não se trata de um direito "inerente", ou seja, um direito que siga a coisa de forma a ser oponível a qualquer adquirente dela.

O terceiro que adquira a coisa não fica obrigado a respeitar a vinculação anteriormente assumida pelo comodante, por força do disposto no artigo 406.º, n.º 2, do Cód. Civil, o qual preceitua que "Em relação a terceiros, o contrato só produz efeitos nos casos e termos especialmente previstos na lei".

Assim, há que concluir, que no caso do embargante invocar um contrato de comodato sujeito a prazo, o juiz deve indeferir liminarmente os embargos de terceiro,

Neste caso, restará ao comodatário exigir ao comodante, com base no incumprimento do contrato, uma indemnização.

Vaz Serra, citado por Miguel Mesquita, defende que o adquirente a título singular não sucede nas obrigações do alienante, ainda que criadas em consideração da coisa transmitida. Por exemplo, se A constitui a favor de B um direito pessoal de gozo sobre uma coisa (v.g., comodato) e a alienar a C, este não sucede na obrigação de A.[37]

---

[37] BMJ, n.º 74, p. 338-339.

Já Menezes Cordeiro, também citado por Miguel Mesquita, para quem o direito do comodatário é um direito real, o terceiro adquirente, tendo conhecimento do prazo a que está sujeito o comodato, deve respeitar o contrato, excepto se tiver justa causa (art. 1140.º do CC).[38]

Posto isto, concluisse que a posição defendida por Miguel Mesquita assenta, fundamentalmente, nos seguintes pressupostos:

Não obstante o comodato ser um contrato real (*quoad constitutionem*), o mesmo tem eficácia puramente obrigacional e não *erga omnes*, ou seja, apenas vincula as partes que nele intervieram (comodante/comodatário).

Depois, com base no artigo 406.º, n.º 2 do CC (Em relação a terceiros, o contrato só produz efeitos nos casos e termos especialmente previstos na lei), e pelo facto de não existir no regime do comodato norma semelhante à do art. 1057.º do CC (O adquirente do direito com base no qual foi celebrado o contrato sucede nos direitos e obrigações do locador, sem prejuízo das regras do registo), verifica-se uma impossibilidade da transmissão da posição de comodante para o adquirente do direito sobre a coisa.

Por outro lado, no regime do comodato, a única situação em que o comodatário se mantém, apesar da alienação do direito em que se funda o comodato, está expressamente prevista nos arts. 1130.º, n.º 2 e 1052.º, alínea b), ambos do CC.

Aborda também Miguel Mesquita a situação em que a coisa é detida por um terceiro, não em nome do executado, mas de um outro terceiro não responsável e estranho ao processo.

Quem poderá, neste caso, intentar o processo de embargos?

E avança com o seguinte exemplo: A instaura contra B uma acção executiva para pagamento de quantia certa e é nomeada à penhora determinada coisa móvel.

Poderá C, a quem essa coisa foi emprestada por D, reagir através de embargos contra o despacho ordenatório da penhora.

---

[38] Direitos Reais, Vol. II, p. 1002.

Entende este autor que é possível, com base nestes fundamentos: Se a coisa, detida por alguém em nome de um terceiro não executado se tornar objecto de uma penhora, o possuidor precário, ao tomar conhecimento do despacho ordenatório ou da efectivação da penhora, deve informar o possuidor em nome próprio (art. 1135.º, alínea g), do CC).

Se depois de avisado o possuidor em nome próprio não deduzir embargos, pode então o mero detentor embargar em substituição daquele.

Para tanto, ao pedir a tutela da sua posse precária, terá de alegar a existência do contrato de comodato e que detém a coisa em nome de uma pessoa estranha à execução em curso.

Finalmente, no que concerne à oposição de terceiro no âmbito da execução para entrega de coisa certa, fundando-se a detenção do terceiro num contrato de comodato celebrado com o ex-proprietário, ao exequente não pode ser negada a entrega efectiva da coisa, e os embargos de terceiro deduzidos pelo comodatário estão votados ao fracasso, também por força do já citado art. 406.º, n.º 2, do CC.

Quando, por contratos sucessivos, se constituírem, a favor de pessoas diferentes, mas sobre a mesma coisa, direitos pessoais de gozo incompatíveis entre si, prevalece o direito mais antigo em data, sem prejuízo das regras próprias do registo – art. 407.º do CC.

Assim, se a coisa que A tomou de arrendamento a B se encontra em poder de um terceiro comodatário, que exerce os poderes de facto em nome do executado, não sendo o seu direito mais antigo em data, em relação ao direito do arrendatário (exequente), os embargos de terceiro deduzidos pelo comodatário terão que naufragar. Caso contrário, sendo o direito do comodatário anterior ao do arrendatário (exequente), a apreensão judicial não deve fazer-se, podendo o detentor, estranho à execução, defender a sua posição jurídica através da dedução de embargos de terceiro.

Artigo 1133.º – Actos que impedem ou diminuem o uso da coisa 33

Posto isto, resta agora abordar o fundamento e âmbito da tutela aquiliana dos direitos pessoais de gozo, quando actos de terceiros diminuam ou impossibilitem o gozo da coisa.

A este propósito, José Andrade Mesquita tira as seguintes conclusões:[39] "... A tutela aquiliana dos direitos pessoais de gozo resulta – de forma limitada – das normas que conferem protecção possessória ao (...) comodatário (art. 1133.º, n.º 2). Estas normas protegem, contra actos de esbulho ou de turbação a relação de facto entre o titular do direito e a coisa (...). Assim, na generalidade dos direitos pessoais de gozo, o respectivo titular tem o direito de reagir autonomamente contra todos os actos que ofendam a sua posse, seja quem for que os pratique. E pode, além disso, pedir a indemnização dos danos que esses actos lhe causem. Efectivamente, nos termos do artigo 1284.º, n.º 1, o possuidor mantido ou restituído tem direito a ser indemnizado do prejuízo que haja sofrido em consequência da turbação ou do esbulho. Todavia, o pedido indemnizatório tem de ser formulado na acção possessória (de restituição ou de manutenção) e esta, conforme estabelece o artigo 1282.º, caduca se não for intentada dentro do ano subsequente ao facto da turbação ou do esbulho, ou ao conhecimento dele quando tenha sido praticado a ocultas.

A consagração, em termos gerais e sem esta limitação quanto ao prazo, da responsabilidade civil por violação de direitos pessoais de gozo deve buscar-se em outras normas legais. E existem, efectivamente, normas em tal sentido. (...) do artigo 1133.º, n.º 1, *in fine*, infere-se que o legislador pretende atribuir ao comodatário a possibilidade de defesa contra ataques meramente factuais, e ainda contra os que sejam cometidos com uma pretensa fundamentação jurídica. Esta possibilidade de defesa implica, necessariamente, o recurso à tutela conferida nos artigos 483.º e seguintes e encontra explicação na própria estrutura dos direitos pessoais de gozo, pelo que deverá ser vista como mera afloração de um

---

[39] Direitos Pessoais De Gozo, p. 171 e ss. e 223 e ss..

princípio geral e valer, por conseguinte, para todos os direitos deste tipo.

A tutela aquiliana dos direitos pessoais de gozo abrange, portanto, todos os actos que afectem a ligação imediata do titular à coisa, ainda que praticados a coberto de um pretenso fundamento jurídico.

Quando o facto lesivo origine a destruição irreparável da coisa – por impossibilidade de reconstituição natural ou por excessiva onerosidade –, o titular do direito pessoal de gozo deve ser ressarcido dos danos que lhe advierem da extinção do seu direito. O concedente, por seu turno, tem direito ao ressarcimento dos danos que sofrer, tomando em linha de conta as características do direito pessoal de gozo existente sobre a coisa destruída.

Em caso de deterioração irreparável da coisa, o titular do direito pessoal de gozo e o concedente podem igualmente exigir ao terceiro uma indemnização.

Por outro lado, no respeitante aos danos reparáveis, tanto o concedente como o concessionário podem requerer a reparação, assim como exigir ao terceiro lesante o montante dos danos causados ...".

ARTIGO 1134.º

(Responsabilidade do comodante)

O comodante não responde pelos vícios ou limitações do direito nem pelos vícios da coisa, excepto quando se tiver expressamente responsabilizado ou tiver procedido com dolo.

Apontamentos:

Por o comodato ser um contrato gratuito, o comodante está sujeito a uma responsabilidade muito atenuada, a não ser que expressamente se tenha responsabilizado pelos vícios ou limitações do direito ou da coisa ou tiver procedido com dolo.

Neste caso, acrescenta-se ao próprio comodato uma obrigação de garantia do uso da coisa.

Os vícios ou limitações do direito e os vícios da coisa são os mesmos que se encontram previstos para a compra e venda, respectivamente nos arts. 905.º e ss. e 913.º e ss.

No que diz respeito ao dolo está o mesmo previsto no art. 253.º do CC, entendendo-se por dolo qualquer sugestão ou artifício que alguém empregue com a intenção ou consciência de induzir ou manter em erro o autor da declaração, bem como a dissimulação, pelo declaratário ou terceiro, do erro do declarante.

O dolo a que se refere o art. 1134.º é relativo ao tipo de culpa e não ao vício da vontade.

Por isso, existe dolo sempre que o comodante tenha actuado com intenção de não denunciar os vícios do direito ou da coisa, ou com consciência de que a sua actuação foi indutora do engano em que lavrou o comodatário, no sentido de estar convencido que nem o direito nem a coisa sofriam de vícios ou limitações.

Aplica-se também por analogia o regime previsto neste artigo sempre que o comodante não tenha legitimidade para transferir para o comodatário o uso da coisa. Trata-se, nestes casos, de hipóteses semelhantes à da venda de coisa alheia, prevista nos arts. 892.º e ss., ou da doação de coisa alheia, regulada no art. 956.º.

Finalmente, a responsabilidade que deste artigo advém para o comodante é a relativa aos danos causados pelo uso da coisa ao comodatário, os danos provenientes da impossibilidade de o comodatário a usar, e ainda os danos causados a terceiro que o comodatário tenha que indemnizar.[40]

---

[40] Vid. P. Lima e A. Varela, CC Anotado, Vol. II, 4.ª ed., p. 750.

Artigo 1135.º

(Obrigações do comodatário)

São obrigações do comodatário:

a) Guardar e conservar a coisa emprestada;
b) Facultar ao comodante o exame dela;
c) Não a aplicar a fim diverso daquele a que a coisa se destina;
d) Não fazer dela uma utilização imprudente;
e) Tolerar quaisquer benfeitorias que o comodante queira realizar na coisa;
f) Não proporcionar a terceiro o uso da coisa, excepto se o comodante o autorizar;
g) Avisar imediatamente o comodante, sempre que tenha conhecimento de vícios na coisa, ou saiba que a ameaça algum perigo ou que terceiro se arroga direitos em relação a ela, desde que o facto seja ignorado do comodante;
h) Restituir a coisa findo o contrato.

Apontamentos:

Trata este artigo das obrigações do comodatário, as quais são idênticas às do locatário, previstas no art. 1038.º do CC.

As obrigações previstas nas alíneas *c*), *d*) e *g*), resultam do dever de diligência que é exigível ao comodatário no uso de coisa alheia.

No que concerne às obrigações das alíneas *b*) e *e*), permitem ao comodante verificar o bom estado da coisa comodatada e fazer nela as despesas necessárias à sua conservação e melhoramento.

Finalmente, pela alínea *f*), impõe-se ao comodatário que não proporcione a outrem o uso da coisa, excepto se o comodante o tiver autorizado.

Artigo 1135.º – Obrigações do comodatário 37

Quanto à obrigação de guardar e conservar a coisa emprestada, trata-se, em relação à primeira, de uma obrigação acessória de custódia, porque se a obrigação de guarda for a título principal, estaremos perante um contrato de depósito e não de um comodato.

Ás vezes pode ser difícil estabelecer a distinção, uma vez que também o depositário, quando o depositante o tiver autorizado, pode usar a coisa (art. 1189.º do CC). A qualificação do contrato depende, nestes casos, de se determinar se a obrigação de guardar é a principal (característica do depósito) ou acessória (característica do comodato). Por outro lado, o depositário só pode usar o bem se, para tanto, tiver sido autorizado pelo depositante; ao invés, o uso da coisa é uma faculdade de que dispõe sempre o comodatário.

"Tendo o autor e o réu acordado em que uma mota de água, comprada por aquele, ficasse ao cuidado do réu, com a obrigação de a devolver, este negócio configura um contrato de depósito regulado nos artigos 1185.º e seguintes do Cód. Civil e não de comodato (artigo 1135.º do Cód. Civil), por não ter sido alegado que o autor tenha entregue a mota de água para que o réu se servisse dela, sendo o elemento «para que se sirva dela» distintivo do comodato".[41]

A obrigação de conservar a coisa implica que o comodatário tenha de efectuar certas despesas a fim de mantê-la no estado em que ela se encontrava ao tempo da celebração do contrato, de forma a impedir que o bem sofra deteriorações superiores àquelas que resultam do seu uso normal.

Acerca do conteúdo do conteúdo destas obrigações de "guardar e conservar a coisa emprestada" dizem os Professores P. Lima e A. Varela que elas são conceitualmente distintas.

Pela primeira (**a obrigação de custódia**), o comodatário obriga-se a evitar que ela seja subtraída ou danificada por terceiro, nada impedindo que ele cumpra este dever, recorrendo à actividade

---

[41] Ac. da RL de 18/11/1999, processo n.º 0018412, disponível em http: // www. dgsi. pt..

ou à colaboração de terceiros; pela segunda, obriga-se a praticar os actos necessários à manutenção dela.

E é pelo facto do comodatário poder recorrer à colaboração de terceiros no cumprimento desta sua obrigação, que ele não viola o contrato se, por exemplo, não habita permanentemente a casa comodatada.

A guarda e conservação da coisa constituem objecto de prestações próprias e não meros actos preparatórios da obrigação de restituir.[42]

Decidiu o Tribunal da Relação do Porto que "a cedência de um carro de serviço a um empregado, resulta para este um dever de custódia sobre esse veículo, de modo que o mesmo é responsável pelos prejuízos causados pelo furto desse veículo, salvo se provar que agiu de modo diligente e prudente".[43]

Outra das obrigações que impende sobre o comodatário é a de facultar ao comodante o exame da coisa.

É claro que o comodante não pode, sob pena de abuso do seu direito (art. 334.º), examinar a coisa por forma a prejudicar o uso da mesma pelo comodatário. Caso seja necessário, deverá também aqui observar-se o disposto no art. 335.º do CC.

Está também o comodatário obrigado a não aplicar a fim diverso daquele a que a coisa se destina. Este fim há-de resultar do contrato e respectivas circunstâncias e, quando isso não suceder, é então permitido ao comodatário aplicar o bem a quaisquer fins lícitos, dentro da função normal das coisas de igual natureza (art. 1131.º CC). Se o prédio comodatado se destinava, por exemplo, a nele instalar um restaurante, não pode o comodatário nele instalar um "stand de vendas de automóveis". Caso isso viesse a acontecer, haveria justa causa para resolver o contrato (art. 1140.º do CC).

Tal como o locatário (art. 1038.º, al. d)), também o comodatário não pode fazer da coisa uma utilização imprudente, uma vez que,

---

[42] CC Anotado, Vol. II, 4.ª ed., p. 751.
[43] Ac. da RP de 25/2/2002, CJ, Ano XXVII, 2002, 1.º-214.

findo o contrato, está obrigado a restituir a coisa emprestada no estado em que a recebeu (arts. 1043.º e 1137.º, n.º 3, ambos do CC).

Por outro lado, está o comodatário obrigado a tolerar quaisquer benfeitorias que o comodante queira realizar na coisa. Também aqui, o comodante sob o pretexto de efectuar benfeitorias na coisa emprestada, não pode prejudicar o uso normal que o comodatário faça daquela, sob pena de ser considerado ilegítimo o exercício do seu direito.

O comodatário também não pode proporcionar a terceiro o uso da coisa, excepto se o comodante o autorizar. Assim, a não ser que haja autorização expressa, não é possível realizar um subcomodato da coisa. O que se compreende, uma vez que o contrato foi celebrado tendo em conta a pessoa do comodatário, ou seja, é um negócio *Intuitu personae*, e, como o comodante não vai auferir qualquer contraprestação, em princípio só cederá o uso da coisa a pessoas da sua confiança.

O subcomodato, caso tenha sido autorizado pelo comodante, é um contrato gratuito, pelo qual o comodatário entrega a terceiro a coisa que lhe foi comodatada, para que este se sirva dela, com a obrigação de a restituir (art. 1129.º do CC).

Contudo, o subcomodato é um contrato com pouco interesse prático, porque o intermediário não tira qualquer proveito material da coisa. Não assim no subcomodato parcial, ou celebrado por um período de tempo inferior ao do comodato.[44]

O legislador não previu a hipótese de a casa de morada da família ser emprestada, ou melhor: de o direito que possibilita a habitação da família na casa ser resultante de um contrato de comodato (arts. 1129.º e ss.). Todavia, nem por isso pode deixar de entender-se que o espírito do sistema aponta no sentido da generalização (...) das restrições impostas pelos arts. 1682.º-A, n.º 2 e 1682.º-B, por forma a abranger todos os actos de disposição

---

[44] Pedro Romano Martinez, O Subcontrato, p. 43.

de quaisquer direitos pelos quais é assegurada a habitação da família na casa. Assim, não pode o cônjuge comodatário, sem o consentimento do outro: proporcionar a terceiro o uso da habitação, mesmo que com autorização do comodante (art. 1135.º, al. f), do CC).[45]

Existe ainda o dever de aviso em caso de <u>perigo material</u>, ou seja, o comodatário está obrigado a comunicar ao comodante, sempre que tenha conhecimento, de vícios na coisa ou saiba que a ameaça algum perigo. Mas também existe a obrigação de avisar sempre que exista um <u>perigo jurídico</u>, isto é, se um terceiro se arroga direitos em relação à coisa, desde que o facto seja ignorado do comodante.

Finalmente, existe a obrigação de restituir a coisa findo o contrato, nos termos do disposto no art. 1137.º do CC. Trata-se de uma obrigação que decorre da cessação do vínculo, entrando o comodatário em mora se não restituir a coisa comodatada.

O incumprimento de qualquer destas obrigações, uma vez que estamos no domínio da responsabilidade contratual, leva a que sobre o comodatário impenda a presunção de culpa estabelecida no art. 799.º, n.º 1, do CC.

Na verdade, incumbe ao devedor provar que a falta de cumprimento ou o cumprimento defeituoso da obrigação não procede de culpa sua, sendo esta apreciada pela diligência de um bom pai de família, em face das circunstâncias de cada caso (art. 799.º, n.º 2, do CC).

O conceito usado neste artigo faz apelo ao tipo de homem médio ou normal que as leis têm em vista ao fixarem os direitos e deveres das pessoas em sociedade.[46]

---

[45] Nuno de Salter Cid, A Protecção Da Casa De Morada Da Família No Direito Português, p. 229.

[46] Prof. A. Varela, Das Obrigações Em Geral, Vol. I, 10.ª ed., p. 574.

Artigo 1136.º

(Perda ou deterioração da coisa)

1. Quando a coisa emprestada perecer ou se deteriorar casualmente, o comodatário é responsável, se estava no seu poder tê-lo evitado, ainda que mediante o sacrifício de coisa própria de valor não superior.

2. Quando, porém, o comodatário a tiver aplicado a fim diverso daquele a que a coisa se destina, ou tiver consentido que terceiro a use sem para isso estar autorizado, será responsável pela perda ou deterioração, salvo provando que ela teria igualmente ocorrido sem a sua conduta ilegal.

3. Sendo avaliada a coisa ao tempo do contrato, presume--se que a responsabilidade ficou a cargo do comodatário, embora este não pudesse evitar o prejuízo pelo sacrifício de coisa própria.

Apontamentos:

Sobre este artigo dizem os Professores P. Lima e A. Varela, que os princípios que constam dos seus três números supõem sempre a perda ou deterioração casual da coisa (n.º 1). Se a perda ou deterioração for imputável a qualquer das partes ou a terceiro, a responsabilidade recai sobre o causador dela. O artigo também não elimina a regra geral de que o risco corre por conta do proprietário. Todos os casos de responsabilidade do comodatário previstos na lei têm carácter excepcional e fundam-se na atribuição a este de culpa, embora indirecta (n.ºs 1 e 2), ou na presunção de uma convenção entre as partes nesse sentido (n.º 3).[47]

No caso do n.º 1 a responsabilidade do comodatário não abrange as deteriorações do uso prudente da coisa emprestada,

---

[47] CC Anotado, Vol. II, 4.ª ed., p. 753.

prevista no art. 1135.º, al. d), as quais correm por conta do comodante.

O exemplo típico que se costuma dar em relação a este n.º 1 é o do empréstimo de cavalos. A empresta o seu cavalo a B, que o coloca juntamente com os seus numa cavalariça. Durante a noite ocorre um incêndio. O comodatário opta, em primeiro lugar, por salvar os seus cavalos – o que consegue –, mas já não tem tempo de salvar o cavalo do comodante.

Ora, face ao disposto no n.º 1, e tendo sido possível que ele salvasse aquele animal, mesmo mediante o sacrifício de um dos seus cavalos, desde que não tivesse valor superior ao sacrificado, então terá de responder perante o comodante. Porém, se qualquer dos seus cavalos tivesse valor superior ao sacrificado, aplicava-se então a regra geral de que o risco corre por conta do proprietário.

O disposto neste n.º 1, conforme Carresi, II, Comodato, cit., n.º 40, referido pelos Professores P. Lima e A. Varela,[48] não afasta a possibilidade de o comodatário exigir do comodante o reembolso das despesas que tiver feito para evitar a perda ou deterioração da coisa, "o que está perfeitamente em harmonia com o princípio *res perit domino*, como ainda e sobretudo com a essência do comodato, já que seria discordante que uma relação de cortesia fosse deixada a cargo do comodatário, que é a pessoa que recebe o favor, sendo na maioria dos casos as despesas de valor muito superior ao favor concedido".

Entendeu o Tribunal da Relação do Porto que se, a par do contrato de trabalho e por causa dele, é cedido pelo empregador ao empregado um "carro de serviço", sem que se prove que o uso e fruição deste era contrapartida da prestação salarial (que integrasse a retribuição), essa relação jurídico-contratual exprime a existência de um contrato de comodato.

O furto desse veículo por terceiro é de equiparar a perda se o mesmo não é recuperado em prazo razoável.

---

[48] CC Anotado, Vol. II, 4.ª ed., p. 754.

Deste caso, a perda do veículo é imputável ao réu se não ilide a presunção de culpa que sobre ele impendia.

O empregado/comodatário tinha um dever de custódia sobre o veículo, de modo que o mesmo é responsável pelos prejuízos causados pelo furto do mesmo, salvo se provar que agiu de modo diligente e prudente.[49]

O segundo caso de responsabilidade do comodatário está previsto no n.º 2, e verifica-se sempre que este tiver aplicado a coisa emprestada a fim diverso daquele a que a mesma se destina (art. 1135.º, alínea c), do CC), ou tiver consentido que terceiro a use sem para isso estar autorizado (art. 1135.º, alínea f), do CC). Ou seja, a lei presume que há uma relação de causalidade entre a violação e a perda ou deterioração.

Trata-se, contudo, de uma presunção *juris tantum*, admitindo--se que o comodatário prove que o prejuízo teria igualmente ocorrido sem essa violação, nos termos do disposto no art. 350.º, n.º 2, do CC. Ou seja, tem aqui lugar a chamada relevância negativa da causa hipotética ou virtual.

Admite-se, portanto, que o comodatário prove que determinado facto só não provocou o resultado danoso (causa virtual ou hipotética do dano), porque a perda ou deterioração da coisa emprestada entretanto ocorreu em virtude de um outro facto (causa operante ou real).

A posição da doutrina foi sempre a de defender a irrelevância, quer positiva quer negativa, da causa virtual. O Professor Pereira Coelho[50] escreveu a este propósito que a causa hipotética deixa sempre imperturbado o processo causal efectivo. Esta conclusão retira-se de uma análise de conexão causal entre o facto e o efeito danoso, já da ideia de que o momento decisivo para averiguar a relação de condicionalidade é o próprio momento em que o dano

---

[49] Cfr. o já citado Ac. da RP de 25/02/2002, CJ, Ano XXVII, 2002, 1.º--214.

[50] O Problema Da Causa Virtual Na Responsabilidade Civil, p. 207 e ss.

(real) se verifica, já da ideia de que o efeito a ter em conta nesta relação é o efeito concretamente verificado; e nenhuma destas ideias é contrariada por qualquer preceito do nosso sistema jurídico, o qual se limita neste aspecto a pôr a exigência da causalidade (efectiva) entre o facto e o dano como pressuposto da obrigação de indemnizar.

E continua o mesmo Professor: "pode também dizer-se que a ideia que explica o relevo da causa virtual, não é a ideia de falta de causalidade mas a ideia de que não há aí um dano a indemnizar segundo o critério da diferença: o património do proprietário ou do dominus não vale menos do que valeria sem a posse ou sem a gestão (sem o comodato, dizemos nós, aplicando estes princípios ao contrato em análise). Sem dúvida que é exacto dizer-se que não há um dano (pois a diferença é de zero) quando o dano se teria igualmente verificado sem a posse ou a intervenção do gestor (sem a intervenção do comodatário, dizemos nós).

Se a causa virtual releva (...) – pode ainda dizer-se – é porque se trata aí de danos indirectos, de danos em relação aos quais a posse ou a gestão foram só uma causa indirecta. E a ser exacta esta explicação, o relevo da causa hipotética, por extensão analógica destas normas (artigos 496.º e 1731.º do Código Civil de 1867), impor-se-ia agora só para os danos indirectos: só a obrigação de indemnizar estes danos é que seria excluída em atenção a uma causa virtual que igualmente os teria provocado. A *ratio legis* destes preceitos, enquanto dão relevo à causa virtual, não estará, pois, só em que não há dano – em que não há diferença – quando o proprietário ou o *dominus* teriam igualmente sofrido o dano sem a posse ou sem a gestão; mas também em que o possuidor e o gestor respondem aqui por um dano acidental, que provém de uma causa que não lhes é imputável. Presumindo que esta causa não se teria verificado se não fosse o seu facto, a lei responsabiliza--os por aquele dano; mas a responsabilidade por uma dano acidental, aos olhos da lei, significa um agravamento da posição do obrigado a indemnizar, um alargamento da esfera normal da sua respon-sabilidade; e por isso a lei permite ao possuidor e ao gestor a

Artigo 1136.º – *Perda ou deterioração da coisa*   45

invocação de uma causa hipotética que teria igualmente produzido o dano acidental por que os torna responsáveis.

Sendo esta a explicação dos artigos 496.º e 1731.º, mostra-se inteiramente justificada a sua extensão analógica à responsabilidade (...) do comodatário que faz da coisa comodada uso diferente do que lhe era permitido, sendo esta coisa atingida por um caso fortuito".

Na nossa lei encontram-se expressamente previstas algumas situações a que se dá relevância negativa à causa virtual, sendo uma delas a do art. 1136.º, n.º 2, do CC. Neste caso, expressamente previsto, a causa virtual releva não para efeitos de cálculo da indemnização, mas antes para afastar totalmente a responsabilidade do autor da causa real, ou seja, o comodatário.

Porém, todos estes casos são excepções e não afloramentos de uma regra geral, uma vez que o devedor se encontra numa situação agravada, por incidir sobre ele uma presunção de culpa.

O comodatário aplica a coisa a fim diverso daquele a que ela se destina quando, por exemplo, A empresta o seu automóvel a B, para este ir de Lisboa até Albufeira, onde pretende passar um mês de férias, bem como a utilizar a viatura durante esse período nas deslocações turísticas que pretenda fazer em toda a região Algarvia. Porém, B participa numa prova automobilística de perícias, utilizando, para o efeito, o automóvel comodatado, o qual vem a sofrer uma avaria mecânica no decurso da competição.

Ora, presumindo a lei (art. 1136.º, n.º 2, do CC), que este dano fortuito não se teria verificado se não fosse a conduta do comodatário, este responde pelos prejuízos causados ao comodante. Só assim não será, caso o comodatário faça relevar negativamente a causa virtual, ou seja, prove que a sua conduta não foi causal para o dano porque este se teria igualmente verificado caso o automóvel não lhe tivesse sido emprestado (causa hipotética que teria igualmente produzido o dano). Se conseguir ilidir a presunção que sobre si impende, logo, estará totalmente afastada a sua responsabilidade como autor da causa real.

46   *Contrato de comodato*

O terceiro caso em que o comodatário responde é o de se ter avaliado, ao tempo do contrato, a coisa emprestada. Neste caso, a lei presume que a responsabilidade ficou a cargo do comodatário, mesmo que este não pudesse evitar o prejuízo pelo sacrifício de coisa própria.

Também aqui se trata de uma presunção *juris tantum*, ou seja, de que se quis transferir o risco para o comodatário, mesmo naquelas situações em que ele não possa evitar o prejuízo pelo sacrifício de coisa própria.

Por se tratar de mera presunção, a mesma pode igualmente ser ilidida por prova em contrário. Com efeito, conforme referem os Professores P. Lima e A. Varela, pode, por exemplo, provar-se que com a avaliação se teve em vista apenas calcular os danos no caso de perecimento por culpa do comodatário ou dar ao comodatário a faculdade de optar, no termo do contrato, entre a restituição da coisa e o pagamento do seu valor.

Finalmente, conforme ensinam os referidos Professores, não se incluiu entre as causas de inversão do risco a cargo do comodatário o facto de ele ter retido a coisa por um período superior ao convencionado.

A este caso, além do disposto no n.º 1 deste artigo, é ainda aplicável a doutrina geral fixada no artigo 807.º quanto à mora do devedor.[51]

Artigo 1137.º

(Restituição)

1. Se os contraentes não convencionaram prazo certo para a restituição da coisa, mas esta foi emprestada para uso

---

[51] CC Anotado, Vol. II, 4.ª ed., p. 755.

Artigo 1137.º – Restituição 47

determinado, o comodatário deve restituí-la ao comodante logo que o uso finde, independentemente de interpelação.

2. Se não foi convencionado prazo para a restituição nem determinado o uso da coisa, o comodatário é obrigado a restituíla logo que lhe seja exigida.

3. É aplicável à manutenção e restituição da coisa emprestada o disposto no artigo 1043.º.

Apontamentos:

Prevê este artigo uma das formas de extinção do contrato de comodato. As outra duas são a resolução com justa causa (art. 1140.º do CC) e a caducidade (art. 1141.º do CC).

O contrato caduca se as partes estipularam um prazo certo para a duração do vínculo (art. 1137.º, n.º 1 *a contrario*). Decorrido esse prazo, está o comodatário obrigado a restituir a coisa emprestada, por força do disposto no art. 1135.º, alínea h), do CC.

Entendendo-se que o prazo foi estabelecido em benefício do comodatário, por força do disposto no art. 779.º, n.º 1, do CC, sobre o comodante recai a obrigação de, até ao termo do contrato, não exigir a restituição da coisa comodatada.

Sendo uma obrigação de prazo certo, o vencimento não carece de interpelação, sendo pois a caducidade automática (artigos 1137.º, n.º 1 e 805.º, n.º 2, al. a), ambos do CC).

Se o bem foi emprestado para uso determinado, o comodatário deve restitui-lo ao comodante, independentemente de interpelação, logo que o uso finde (art. 1137.º, n.º 1, do CC).

Justifica-se que não haja qualquer interpelação no sentido de ser restituída a coisa comodatada, pois, tendo as partes acordado a duração do contrato, ou, não o tendo feito, o bem foi emprestado para uso determinado, o comodatário já sabe, desde que celebrou o negócio, quando deve restituir a coisa (art. 1135.º, al. h), do CC).

Assim, tendo a obrigação prazo certo para cumprimento, uma vez ultrapassado esse prazo sem que tenha sido feita a entrega,

48   *Contrato de comodato*

fica o comodatário imediatamente constituído em mora (art. 804.º, n.º 2, do CC), sem necessidade de ser interpelado "judicial ou extrajudicialmente interpelado para cumprir "(art. 805.º, n.º 2, al. *a*), do CC).

O título que legitimava o uso da coisa extingue-se na data acordada, pelo que a retenção da mesma passa a ser abusiva, sendo o comodatário obrigado a indemnizar o comodante pelos prejuízos causados.

Contudo, nada impede, atento o princípio da liberdade contratual plasmado no art. 405.º do CC, que as partes, de mútuo acordo, possam prorrogar o contrato, diferindo o cumprimento da obrigação de entrega da coisa comodatada para o fim do prazo da prorrogação.

Se não foi estipulado prazo para a restituição nem determinado o uso da coisa, então trata-se de uma obrigação pura, logo, o comodatário é obrigado a restituir a coisa quando tal lhe for exigido (art. 1137.º, n.º 2, do CC).[52]

A interpelação para o comodatário cumprir essa obrigação de restituição pode ter lugar com a citação para uma acção judicial.

Quando não é estipulado prazo para a restituição nem é fixado o uso da coisa, estamos perante a figura do "comodato precário" abordado pela doutrina Italiana.

Fragalli (citado pelos Professores P. Lima e A. Varela) põe o acento tónico na causa do contrato uma relação de cortesia, de complacência – e na situação de mera tolerância do comodante, que justifica possa este pôr termo ao contrato a todo o momento, "ad nutum".

A todo o momento o comodante poderá exigir a restituição da coisa comodatada.

A diferença entre precário e comodato consiste, portanto, no facto de que neste último a duração está predeterminada por acordo

---

[52] A este respeito vid. Ac. da Rel. Évora de 14/10/1999, BMJ 490, p. 330.

das partes (expressa ou tácita), enquanto no precário o prazo fica totalmente dependente da vontade do concedente. É mais acertado, todavia, conceber o precário como uma variante do comodato, apesar de, mesmo segundo aquela sistematização, as regras do comodato lhe serem aplicáveis, desde que compatíveis com a característica acabada de enunciar.

Afirma-se também que, enquanto o comodante está obrigado a deixar gozar a coisa, no precário esta obrigação não existe. "O concedente em precário não está obrigado a deixar gozar a coisa, mas unicamente a não considerar lesivo do próprio interesse o gozo do precarista", podendo fazer cessar este gozo em qualquer momento. Deste modo, entende-se que o precarista não tem sequer um direito de gozo, não dispondo de qualquer pretensão em face do concedente e assistindo-lhe apenas um meio de defesa se este invocar a ilegitimidade do gozo para pedir uma indemnização. Devem, todavia, fazer-se alguns aditamentos. Em primeiro lugar, no precário, o concedente está obrigado a respeitar a situação de facto criada com a entrega da coisa ao concessionário, enquanto não lhe comunicar a vontade de resolver o contrato; por outro lado, deve o concedente ser tutelado perante terceiros e deve, ainda, responder contratualmente pelos danos que cause na coisa objecto do precário.[53]

Já o Professor Manuel Rodrigues, a propósito da discussão em torno do problema da posse no contrato de comodato, depois de argumentar com o disposto no anterior art. 1513.º do Cód. Civil como obstáculo à admissão da posse do direito que para o como-datário deriva do contrato de comodato, uma vez que, segundo aquela disposição legal, "o comodante poderá exigir a coisa, antes que finde o prazo convencionado, sobrevindo-lhe necessidade urgente", o que, sendo assim, parece que o interesse do comodatário é inteiramente precário e que, pelo menos contra o comodante,

---

[53] Vid. a este respeito a doutrina italiana citada por José Andrade Mesquita, in Direitos Pessoais De Gozo, p. 48-49.

não pode invocar qualquer direito possessório, acaba por sublinhar que tal argumento nenhum valor tem, porque o termo do contrato não depende da simples vontade do comodante. Depende da prova de uma necessidade urgente deste, da morte do comodatário ou do termo do contrato (Código Civil, artigos 1511.º a 1513.º.

Mas se não depende da simples vontade do comodante, enquanto se não verificarem as condições indicadas na lei para lhe pôr termo o comodatário deve considerar-se como um verdadeiro possuidor.[54, 55]

Escreveu-se no Acórdão do Tribunal da Relação do Porto[56], que em sede de comodato, pode falar-se em tempo ou uso determinado em dois momentos ou propósitos distintos:

a) ou quando se define o próprio conceito de comodato: a entrega é para que o comodatário use e se sirva da coisa por tempo ou para uso determinado – resultando daí que a restituição é findo o prazo ou esgotado o uso;

b) ou quando se regula a obrigação de restituir: o comodatário tem o dever de restituir logo que findo o prazo convencionado; ou, não havendo prazo certo, logo que findo o uso determinado para o qual a coisa foi entregue; ou ainda, não havendo prazo nem uso determinado, quando o comodante o exija.

A lei italiana optou pela primeira arrumação sistemática: comodato é o contrato pelo qual uma parte entrega a outra uma coisa móvel ou imóvel para que se sirva dela por um tempo ou para uso determinado (...) – art. 1803.º do C. Civil Italiano e Tamburrino, "Comodato", na "Enciclopedia del Diritto", Vol. VII, p. 944.

---

[54] Ver os artigos 1137.º, 1140.º e 1141.º do Código vigente.
[55] Manuel Rodrigues, A Posse, p. 170-171.
[56] Ac. da RP de 14/04/1997, CJ, Ano XXII, 1997, 2.º-215.

Artigo 1137.º – Restituição   51

A lei espanhola assume uma posição intermédia: o comodato (e o empréstimo em geral) é, por definição, por tempo certo, findo o qual a coisa deve ser restituída (art. 1740.º C. Civil espanhol), sendo que a definição do prazo pode fazer-se por estipulação directa, ou resultar do uso atribuído (art. 1749.º C. Civil espanhol, e Dièz Picasso/António Gullón, "Sistema de Derecho Civil", tomo II, 1986, p. 483 e 485).

A lei portuguesa decidiu-se pela segunda arrumação sistemática: o prazo certo e o uso determinado não são elementos definidores do conceito, mas sim factores definidores da obrigação de restituir, pelo que não falou neles ao definir o conceito (art. 1129.º), mas só ao definir o dever de restituir (art. 1137.º).

Por isso, sendo o comodato um contrato temporário, retira-se do art. 1137.º que ele termina necessariamente:

a) ou quando finde o prazo certo por que foi convencionado;
b) ou, não havendo prazo certo, quando finde o uso determinado para que foi concedido;
c) ou, não havendo prazo certo nem uso determinado, quando o comodante o exija (pois que o contrato é gratuito).

Daqui resulta que a determinação do uso, em si própria, não tem especial interesse no comodato (a não ser para efeito de responsabilidade do comodatário por incumprimento contratual quanto ao uso – art. 1136.º, n.º 2, do CC).

A determinação do uso só tem interesse funcional, para efeito de determinar o momento em que o comodatário deve restituir.

Assim, e a partir do Ac. da Relação do Porto de 26/1/84, CJ, Ano IX, Tomo I, p. 232-233, tem aquele tribunal entendido que o uso só é determinado se o uso (determinado) implicar o tempo de uso: "a determinação do uso envolve a delimitação da necessidade temporária que o comodato visa satisfazer".

"Para uso determinado" são apenas casos bem concretos e definidos de entrega, em que o uso determinado define o tempo de uso: emprestar um livro ou um automóvel para um fim de semana; ou um livro para figurar numa exposição bibliográfica ou um automóvel para certa viagem – não, emprestar um livro ou um automóvel até que o comodatário compre um livro ou um automóvel para si.

"Para uso determinado" também pode ser uma situação em que o comodante empresta uma casa à comodatária, e convencionarem, que o termo do contrato coincidirá com a data do decesso dela.[57]

Com efeito, as partes podem convencionar que os efeitos do negócio jurídico comecem ou cessem a partir de certo momento – art. 278.º do CC.

Trata-se de uma cláusula acessória típica, por virtude da qual os efeitos do negócio jurídico são postos na dependência de um acontecimento futuro e incerto (a morte), uma vez que esta se consubstancia num acontecimento que, embora seja certo quanto à sua verificação, é incerto quanto ao exacto momento em que ocorrerá. Portanto, o contrato de comodato celebrado por toda a vida do comodatário é válido porque o seu termo, embora incerto, é determinável. Verificado este acontecimento, caducará o contrato (art. 1141.º do CC).

Em todos os outros casos referidos, o fim não é determinado porque ... não há fim à vista: ao uso não é marcado termo, nem de forma expressa, nem implícita, porque o termo do uso está na disponibilidade (arbítrio) do beneficiário do contrato.

E, não havendo prazo certo nem uso determinado, tem aplicação o art. 1137.º, n.º 2, do CC, ou seja, a coisa comodatada tem de ser restituída logo que exigida.

Já Baptista Machado dizia ser contrária à ordem pública que alguém se vinculasse indefinidamente por um contrato obrigacional.[58] Com efeito, é inadmissível, por contrário à ordem pública, que alguém se vincule indefinidamente por um contrato obrigacional e, ainda por cima gratuito.

---

[57] Ac. da RL de 25/05/2000, CJ, Ano XXV, 3.º-99.

[58] In CJ, XIV, 2.º-22.

Artigo 1137.º – *Restituição* 53

Assim, a própria determinação do uso implicará a determinação do período de tempo. Caso contrário, poderíamos estar perante um contrato perpétuo.

Também a este propósito escreveu Rodrigues Bastos o seguinte: "tem de considerar-se a cedência sempre limitada a certo período de tempo, sob pena de se desrespeitar a função social preenchida por este contrato, cuja causa é sempre uma gentileza ou favor, não conciliável com o uso muito prolongado do imóvel (...) um comodato muito prolongado de um imóvel converter-se-ia em doação (indirecta) do gozo da coisa, ou, se fosse para durar por toda a vida da outra parte, o comodato descaracterizar-se-ia em direito de uso e habitação.[59]

Daí que, o acórdão a que vimos fazendo referência, concluiu que não podia considerar-se como determinado o uso quando o comodante empresta um prédio seu para o comodatário nele habitar até construir casa própria, porque, sendo esta uma condição resolutiva potestativa (resolutiva visto que a sua verificação implica a resolução do contrato; e potestativa, dado que a verificação do evento condicionante é um acto do comodatário, isto é, depende da vontade dele), ela é arbitrária.

Neste sentido também decidiu o Tribunal da Relação de Évora, tendo-se entendido que o empréstimo para habitação do comodatário de prédio urbano destinado a esse fim é um caso de comodato sem determinação do uso da coisa, e como tal abrangido na previsão do n.º 2 do art. 1137.º do CC.[60]

Por tudo isto, interpelado o comodatário para restituir a coisa comodatada, e recusando-se o mesmo a entregá-la, constitui-se em mora, com a inerente obrigação de indemnizar o comodante pelos prejuízos causados, designadamente pela privação do uso e fruição do bem, em termos de responsabilidade civil extracontratual, constituindo a mera privação do uso um dano autónomo de natureza

---

[59] Notas ao Cód. Civil, Vol. IV, p. 250.
[60] Ac. da RE de 16/01/1997, CJ, Ano XXII, 1997, 1.º-287.

54   *Contrato de comodato*

patrimonial, indemnizável nos termos dos arts. 483.º, 562.º e ss., 804.º e 805.º, n.º 1, todos do CC.

A ilícita privação do uso e fruição de um prédio pode ser causa de responsabilidade civil, se impede o respectivo proprietário do exercício daqueles poderes, ou pode constituir fonte de obrigação de restituir por enriquecimento sem causa, nos termos dos artigos 473.º e ss. do CC, caso não haja lugar a responsabilidade civil por inexistência de dano. Tratando-se de um prédio, o montante dos danos a reparar pode ser aferido pelo valor que o comodante poderia receber se, sem tal ocupação, pudesse ter dado de arrendamento a fracção, pelo que o tribunal deve condenar o comodatário no pagamento da quantia mensal correspondente ao valor locativo da fracção, desde a data da constituição em mora pela recusa da entrega, até à efectiva restituição da fracção ao seu proprietário.[61]

Nada impede, por exemplo, que as partes convencionem no contrato uma cláusula penal no valor de determinada quantia pecuniária, por cada mês de atraso na restituição de uma fracção ao comodante. Esta situação vale tanto para a mora na entrega prevista no n.º 1, quer no n.º 2, da disposição legal em análise.

Nos termos do art. 810.º, n.º 1, do CC, "as partes podem fixar por acordo o montante da indemnização exigível: é o que se chama cláusula penal".

A cláusula penal é, pois, a convenção através da qual as partes fixam o montante da indemnização a satisfazer em caso de eventual incumprimento do contrato (incumprimento definitivo ou de simples mora).

Com ela é fixado previamente o montante da indemnização devida. Nestes casos não há que averiguar se o credor sofreu ou não prejuízos e muito menos qual o seu montante, em caso afirmativo.

---

[61] Ac. do STJ de 29/06/2004, processo n.º 04A2105, disponível em http: // www.dgsi. pt..

"Pela cláusula penal opera-se a liquidação antecipada e convencional dos prejuízos que resultariam do não cumprimento, evitando indagação e prova dos mesmos – Pessoa Jorge in "Direito das Obrigações", p. 615.

A. Pinto Monteiro escreve: Cláusula penal é a estipulação mediante a qual as partes convencionam antecipadamente – isto é, antes de ocorrer o facto constitutivo de responsabilidade – uma determinada prestação, normalmente uma quantia em dinheiro, que o devedor deverá satisfazer ao credor em caso de não cumprimento perfeito (maxime em tempo) da obrigação – in Cláusulas Limitativas e de Exclusão de Responsabilidade Civil, p. 136. Ou, conforme escreve o Prof. Galvão Teles, in Direito das Obrigações, p. 440, "Esta funciona como uma liquidação por acordo dos prejuízos resultantes do incumprimento por uma das partes e que estas entendem adequada, aplicando-se desde que se dê violação do contrato e ainda que não se demonstre a verificação efectiva de um prejuízo correspondente àquela".

Trata-se, portanto, de uma sanção convencionada entre as partes, essencialmente ligada à ideia de mora e do não cumprimento ou do cumprimento defeituoso do contrato. Dessa forma se evitam as dificuldades inerentes ao processo de avaliação da indemnização. O lesado terá direito à quantia previamente acordada com o lesante, não havendo lugar a outra indemnização.

Neste particular há ainda que atender ao disposto no art. 811.º, n.º 3, do CC, o qual estabelece que "O credor não pode em caso algum exigir uma indemnização que exceda o valor do prejuízo resultante do incumprimento da obrigação principal".

Assim, tratando-se de um imóvel, há que atender à sua área, localização e características, a fim de se apurar o valor mensal pelo qual o comodante o poderia arrendar. Se chegarmos à conclusão que esse valor seria inferior à cláusula penal acordada, então, de harmonia com o disposto no art. 812.º, n.º 1, do CC, pode esta ser reduzida a um montante equitativo.

Resta acrescentar que, em caso de dúvida, sobre a interpretação das cláusulas do contrato, prevalece, nos contratos gratuitos, como é o comodato, o sentido da declaração menos gravoso para o disponente – art. 237.º do CC.

Não obstante o preceito só prever a denúncia a ser exercida pelo comodante, não está excluída a possibilidade, através do recurso às regras gerais, de ser o comodatário a exercer essa faculdade. A este propósito escreveram os Professores P. Lima e A. Varela: Tem sido discutido o problema do direito de restituir a coisa antes de findar o prazo. A solução, entre nós, parece que resulta claramente do disposto nos artigos 777.º e 779.º do Código Civil. O comodatário pode, em princípio, exonerar-se da obrigação, a todo o tempo, entregando a coisa emprestada, a não ser que se mostre que o prazo foi também estipulado a favor do comodante, o que é perfeitamente possível, embora o negócio se aproxime do depósito com autorização de uso (cfr. art. 1189.º), e possa, em certo momento, absorver a sua natureza.[62]

O legislador não previu a hipótese de a casa de morada da família ser emprestada, ou melhor: de o direito que possibilita a habitação da família na casa ser resultante de um contrato de comodato (arts. 1129.º e ss.). Todavia, nem por isso pode deixar de entender-se que o espírito do sistema aponta no sentido da generalização (...) das restrições impostas pelos arts. 1682.º-A, n.º 2 e 1682.º-B, por forma a abranger todos os actos de disposição de quaisquer direitos pelos quais é assegurada a habitação da família na casa. Assim, não pode o cônjuge comodatário, sem o consentimento do outro: restituir a casa antes de findo o contrato (art. 1135.º, al. h), do CC), isto é, antes de findo o prazo pelo qual a casa foi emprestada, ou, na altura de prazo certo para a restituição, enquanto a casa for morada da família, se foi emprestada para esse fim, ou, não resultando do contrato o fim, até que a restituição lhe seja exigida (art. 1137.º), Aplicar-se-á, *mutatis mutandis*, o disposto nos arts. 1684.º e 1687.º.[63]

---

[62] CC Anotado, Vol. II, 4.ª ed., p. 756.

[63] Nuno DE Salter Cid, A Protecção Da Casa De Morada Da Família No Direito Português, p. 229.

No n.º 3 desta disposição legal faz-se uma remissão para o regime da locação. Logo, na falta de convenção, o comodatário é obrigado a restituir a coisa no estado em que a recebeu, ressalvadas as deteriorações inerentes a uma prudente utilização, bem como o desgaste habitual dos bens, em conformidade com os fins do contrato e à diligência do bom pai de família. Presume-se que a coisa foi entregue ao locatário em bom estado de manutenção, quando não exista documento onde as partes tenham descrito o estado dela ao tempo da entrega (art. 1043.º do CC).

Findo o contrato, estamos perante uma obrigação de entrega de coisa certa, a cargo do comodatário.

Vejamos, em seguida, algumas situações abordadas pela nossa jurisprudência.

Celebrado, por escritura pública, um contrato de comodato quanto a uma casa e seu recheio, com obrigação de os restituir em data indicada, passada essa data sem ter havido a restituição, o comodante pode usar acção executiva, com base na escritura, para obter tal restituição.[64]

Dada de arrendamento aos réus uma casa de habitação para aí eles passarem a residir e não constando do contrato que o arrendamento abrangesse a garagem e o logradouro, mas tão somente que os réus poderiam utilizar a garagem gratuitamente enquanto o senhorio o permitisse, tal autorização configura um comodato sem prazo, ao qual o comodante pode por fim a qualquer momento.

Assim, a recusa dos réus em restituírem a garagem ao senhorio não se justifica, como também se não justifica a sua recusa em restituírem o logradouro que têm vindo a ocupar sem qualquer título.[65]

---

[64] Ac. da RL de 09/12/1992, processo n.º 0057101, disponível em http:/ / www.dgsi.pt..

[65] Ac. do STJ de 10/01/1997, processo n.º 96B705, disponível em http:/ / www.dgsi.pt..

A coisa emprestada para certo e determinado uso, sem prazo certo, mas na condição de a cedência durar enquanto o comodatário não arranjasse coisa melhor, não deve significar cedência para toda a vida mas sim que deverá ser restituída ao comodante findo o tempo razoável para se obter uma alternativa em melhores condições, pois assim o entenderia um declaratário normal colocado na posição do real declaratário – teoria da impressão do destinatário.[66]

No comodato, dois requisitos são necessários para caracterizar o uso determinado do empréstimo de prédio: a) que ele esteja expresso de modo bem claro; b) e, para evitar que em parte a situação se possa confundir com uma atitude de doação, que esse uso seja de duração limitada.[67]

Desde que a autora e réu não estabeleceram prazo certo para a restituição do prédio, mas tendo este sido emprestado para uso determinado, o comodatário deve restituí-lo ao comodante logo que o uso finde, independentemente de interpelação.

Assim o réu estava em mora desde que deixou de dar ao prédio o uso assinalado – instalação de cavalos para aprendizagem de tauromaquia – para que havia sido graciosamente cedido e deveria tê-lo restituído sem necessidade de qualquer interpelação ou notificação.[68]

Tendo os pais e sogros dos réus entregado a casa a estes, consentindo que lá vivessem gratuitamente, servindo-se do mobiliário, louças e roupas, está-se perante um contrato de comodato.

Não tendo as partes convencionado prazo para a restituição da casa, nem determinado o uso dela, os comodatários são obrigados

---

[66] Ac. do STJ de 27/11/1997, processo n.º 97B580, disponível em http:// www. dgsi. Pt..

[67] Ac. do STJ de 12/06/1996, processo n.º 088392, disponível em http:// www. dgsi. pt..

[68] Ac. do STJ de 29/05/1979, processo n.º 067830, disponível em http:// www. dgsi. pt..

a restitui-la imediatamente, por os comodantes já lhe terem feito essa exigência – art. 1137.º, n.º 2, do CC.

O facto da moradia lhes ter sido entregue para habitação deles, esse uso só ficaria determinado se se tivesse delimitado a necessidade temporal que o comodato visava satisfazer, dado serem realidades diferentes a determinação do uso da coisa e o fim para que foi emprestada, pelo que não tem aqui aplicação o n.º 1 do artigo 1137.º.[69]

Comodatado um andar para lar do casal constituído pelos comodatários, de tal fim do contrato deriva que o uso previsto persistiria até à cessação do matrimónio, se outro termo não resultar do convénio.

Fora desta última hipótese, extinto o vínculo conjugal por divórcio entre os comodatários, logo finda o uso contratualmente determinado, dando lugar à restituição com fundamento no artigo 1137.º, n.º 1, do CC.

A restituição aludida não obsta a circunstância de na acção de divórcio haver sido atribuída a um dos comodatários a "casa de morada da família "de harmonia com o disposto nos artigos 1775 e 1793.º do CC, em cuja previsão apenas se inclui a "casa de morada "comum ou própria de qualquer dos cônjuges.[70]

Ocupando uma casa sem que seja estipulado prazo para a sua restituição, o comodatário é obrigado a restituí-la logo que a mesma lhe seja exigida pelo proprietário.

Não tendo sido apontada a prática de qualquer facto ilícito, pelo que também não se poderia provar, não basta a notificação do ocupante com o fim de abandonar a casa para, só por isso, considerar a existência dum lucro cessante para o proprietário.

---

[69] Ac. do STJ de 16/02/1983, processo n.º 070496, disponível em http: // www. dgsi. pt..

[70] Ac. do STJ de 26/10/1989, processo n.º 076856, disponível em http: // www. dgsi. pt..

Para que o ocupante fosse condenado na indemnização daí emergente, seria necessário provar que a casa se destinava, efectivamente, ao mercado de arrendamento, pois bem podia ser vendida ou até manter-se devoluta, e não apenas provar que o seu valor locatício mensal era de determinado montante.[71]

A cláusula segundo a qual a cedência (comodato) de certa fracção autónoma, para habitação, se prolongaria até que fosse concedido aos comodatários um empréstimo solicitado à Caixa Geral de Depósitos não é impeditiva de recurso à fixação judicial de prazo para entrega da coisa.[72]

ARTIGO 1138.º

(Benfeitorias)

1. O comodatário é equiparado, quanto a benfeitorias, ao possuidor de má fé.

2. Tratando-se de empréstimo de animais, as despesas de alimentação destes correm, salvo estipulação em contrário, por conta do comodatário.

Apontamentos:

A definição de benfeitorias é dada pelo art. 216.º do CC.

Consideram-se benfeitorias todas as despesas feitas para conservar ou melhorar a coisa – art. 216.º, n.º 1, do CC.

As benfeitorias são necessárias, úteis ou voluptuárias – art. 216.º, n.º 2, do CC.

---

[71] Ac. da RP de 11/01/1994, processo n.º 9340462, disponível em http: // www. dgsi. pt..

[72] Ac. da RP de 04/01/1990, processo n.º 0408831, disponível em http: // www. dgsi. pt..

São benfeitorias necessárias as que têm por fim evitar a perda, destruição ou deterioração da coisa; úteis as que, não sendo indispensáveis para a sua conservação, lhe aumentam, todavia, o valor; voluptuárias as que, não sendo indispensáveis para a sua conservação nem lhe aumentando o valor, servem apenas para recreio do benfeitorizante – art. 216.º, n.º 3, do CC.

Quanto ao seu regime vem enunciado no art. 1273.º, n.º 1, do CC, em que, quer o possuidor de boa fé, quer o de má fé, têm direito a serem indemnizados das benfeitorias necessárias que hajam feito, e bem assim a levantar as benfeitorias úteis realizadas na coisa, desde que o possam fazer sem detrimento dela.

Quando, para evitar o detrimento da coisa, não haja lugar ao levantamento das benfeitorias, satisfará o titular do direito ao possuidor o valor delas, calculado segundo as regras do enriquecimento sem causa – cfr. art. 1273.º, n.º 2, do CC.

No domínio do Código de Seabra a possibilidade do detrimento deveria ser apreciada pelo vendedor – parágrafo 3 do art. 489.º, ou seja, pelo titular do direito. Hoje, é o tribunal que, na ausência de acordo das partes, deve objectivamente proceder a essa apreciação.

Por outro lado, é o comodatário quem tem o ónus de alegar e provar que o levantamento das benfeitorias provoca detrimento para o objecto comodatado – art. 342.º, n.º 1, do CC.

O comodatário é equiparado, quanto a benfeitorias, ao possuidor de má fé, o que significa que ele perde sempre as benfeitorias voluptúarias que haja feito, nos termos do art. 1275.º, n.º 2, do CC. Esta equiparação justifica-se por o comodatário saber que não é o dono da coisa.

Se as despesas foram efectuadas no cumprimento da obrigação de conservar ou manter a coisa (art. 1135.º, al. a) do CC), cessa o direito à indemnização pelas benfeitorias que o comodatário eventualmente haja feito.

Caso tenha direito a ser indemnizado pelas benfeitorias que haja feito, o comodatário goza do direito de retenção, que lhe é conferido pela alínea e) do n.º 1 do art. 755.º do CC.

O direito de retenção é atribuído ao devedor que disponha de um crédito sobre o seu credor se, estando obrigado a entregar certa coisa, o seu crédito resultar de despesas feitas por causa dela ou de danos por ela causados – art. 754.º do CC.

São requisitos de tal direito a detenção ou posse material da coisa e legitimidade da detenção; que o detentor da coisa seja credor da pessoa a quem a coisa deve ser restituída; e que exista uma relação de conexidade entre o crédito do detentor e a coisa – arts. 754.º e 756.º do CC, e ainda Vaz Serra, "Direito de Retenção", in BMJ n.º 65 e na RLJ, ano 104, p. 297-298, e P. Lima e A. Varela, CC Anotado, em comentários a estes artigos.

No entanto, conforme se sublinhou no Ac. do STJ[73], a circunstância do artigo 1138.º, n.º 1, do CC equiparar o comodatário ao possuidor de má fé, quanto a benfeitorias ... não traz qualquer achega à resolução do problema da determinação do conceito de má fé previsto no artigo 756.º, alínea b) "porquanto uma coisa é a existência de má fé para o exercício do direito reconhecido no artigo 1273.º e outra a má fé para exclusão do direito de retenção".

Como salienta Antunes Varela em anotação ao referido Acórdão, "não há, por conseguinte, a menor dúvida, em face da génese e da evolução do texto legislativo, de que, ao aludir na alínea e) do n.º 1 do artigo 755.º do CC aos créditos resultantes do contrato de comodato, o legislador tem especialmente em vista os créditos do comodatário provenientes da execução (e não da celebração) do contrato, que são por via de regra os nascidos das despesas com benfeitorias necessárias ou úteis na coisa emprestada. E isto face a que o comodatário se não equipara à cobrança dos créditos por benfeitorias, ao possuidor de má fé.

E se o artigo 755.º assegura ao comodatário o benefício da retenção em relação aos gastos que ele tenha feito com benfeitorias na coisa, é porque o comodatário se não equipara, no tocante à

---

[73] Ac. do STJ de 7/10/1982, BMJ, 320.º-407 e RLJ, Ano 119.º, p. 179/ /185.

cobrança de créditos, ao possuidor de má fé. Se pelo simples facto de procederem do comodatário as despesas com benfeitorias se considerassem realizadas de má fé, elas não conferiam ao credor o benefício de retenção (artigo 756.º, alínea b). E não é essa a determinação inequivocamente consagrada na alínea e) do n.º 1 do artigo 755.º do Código Civil.

Por outro lado, tudo indica (desde o confronto com o artigo 755.º, alínea e), até ao regime das benfeitorias realizadas pelo possuidor) que, ao equiparar o comodatário, quanto a benfeitorias, ao possuidor de má fé, o legislador teve concretamente em mente apenas a questão do levantamento ou da perda de benfeitorias voluptuárias, pois relativamente às benfeitorias necessárias e às benfeitorias úteis, ao direito de reembolso das despesas e ao cálculo da indemnização devida, há perfeita paridade de tratamento entre o possuidor de boa fé e o possuidor de má fé.[74]

Finalmente, o direito de retenção tem apenas como finalidade última não o proporcionar o gozo ou fruição da coisa ao titular daquele direito, mas antes a facultar-lhe tão só a execução da coisa detida e o pagamento sobre o valor dela com preferência aos demais credores. Ou seja, findo o contrato, não obstante o comodatário estar obrigado a restituir a coisa (art. 1135.º, al. h), do CC), o mesmo pode diferir essa entrega se tiver um crédito sobre o comodante derivado de despesas feitas na mesma. Porém, nesse período de tempo em que perdura a detenção, o que ele não pode é continuar a usar a coisa, como se o contrato ainda estivesse em vigor, sob pena de responder segundo as regras do enriquecimento sem causa.

O direito de retenção confere o direito de preferência no pagamento pelo valor da coisa, nos termos do disposto nos arts. 758.º e 759.º do CC, e, recaindo o direito de retenção sobre coisa imóvel, este prevalece sobre a hipoteca, ainda que registada anteriormente – cfr. art. 759.º, n.º 2, do CC.

---

[74] A. Varela, RLJ, 119.º-203/204.

O comodatário não pode é evitar que o bem seja penhorado e vendido.

Na verdade, nos termos do disposto no art. 824.º do CC, a venda em execução transfere para o adquirente os direitos do executado sobre a coisa vendida. Os bens são transmitidos livres dos direitos de garantia que os onerarem, bem como dos demais direitos reais que não tenham registo anterior ao de qualquer arresto, penhora ou garantia, com excepção dos que, constituídos em data anterior, produzam efeitos em relação a terceiros independentemente de registo. Os direitos de terceiro que caducarem nos termos do número anterior transferem-se para o produto da venda dos respectivos bens.

Ora, conforme se vê, os direitos de garantia que oneram bens penhorados, no caso de em acto seguido à penhora se seguir a venda, caducam sempre, isto é, nunca acompanham os bens penhorados. E isto é válido tanto para os direitos de garantia sujeitos a registo (hipoteca, consignação de rendimentos e arresto sobre imóveis), como para os direitos de garantia não sujeitos a registo (é o caso do direito de retenção).

Por isso, o comodatário que tenha direito de retenção sobre a coisa, terá de exercer o seu direito no âmbito do concurso de credores (arts. 865.º e ss. do CPC), para o qual será citado através de éditos, nos termos previstos no art. 864.º, n.º 2, do CPC.

No que diz respeito ao empréstimo de animais, as despesas de alimentação destes correm, salvo estipulação em contrário, por conta do comodatário. Por isso, e salvo estipulação em contrário, não assiste ao comodatário o direito a qualquer indemnização pelos encargos com a alimentação dos animais emprestados, despesas essas que constituem benfeitorias necessárias (art. 1138.º, n.º 2).

Veremos, de seguida, algumas situações abordadas pela jurisprudência.

Decidiu o STJ que a demora na restituição de prédio emprestado não dá origem à obrigação de indemnizar pelos prejuízos causados pela demora na restituição se o comodatário tiver direito de retenção sobre o prédio devido ao seu crédito respeitante às benfeitorias necessárias que tiver efectuado no imóvel (art. 755.º, n.º 1, alínea e), do Cód. Civil. O próprio possuidor de má fé – e o comodatário é, para efeitos de benfeitorias, um possuidor de má fé (art. 1138.º, n.º 1, do Cód. Civil) – tem jus a ser indemnizado das benfeitorias necessárias (art. 1273.º, n.º 1, do Cód. Civil); mas, destinando-se essa indemnização a evitar um locupletamento injusto, tal não sucederá se o prédio estiver destinado a ser demolido para dar lugar a novo edifício, pois as benfeitorias realizadas em nada aproveitam ao comodante.[75]

Tendo a cessão do uso sido para certo fim, na ausência de estipulação de prazo para a restituição, deve o comodato ser considerado como se não tivesse sido convencionado o uso determinado podendo a restituição, nos termos do art. 1137.º, n.º 2 do CC, sem prejuízo das regras da boa fé, ser exigida a todo o tempo.

As obras e construções visando a adaptação de um terreno rústico a espaço de exposição afecto a um stand de automóveis poderão, quando muito, constituir benfeitorias úteis relativamente ao terreno comodatado.

Não dando lugar a indemnização, conferem ao comodatário, apenas, o direito de as levantar o que, em princípio, implicará a sua destruição.

Permanece uma sensação de injustiça perante uma solução em que uma sociedade comercial, que deteve, enquanto comodatária, um determinado prédio para complemento da sua actividade comercial, não estando minimamente em causa a sua boa fé como possuidora, se vê privada de um equipamento essencial para a sua actividade e que representa um investimento apreciável.

Por isso, cremos que a solução para uma situação destas, não podendo ser a de um pretenso enriquecimento injustificado em razão de benfeitorias, terá, antes, de buscar-se – uma vez que se

---

[75] Ac. do STJ de 16/01/1986: BMJ, 353.º-419.

trata de construção de obra em terreno alheio – no instituto da acessão industrial imobiliária, nos termos dos arts. 1340.º e ss. do CC.[76]

Desde que as benfeitorias levadas a efeito pelo réu no prédio em causa, foram apenas classificadas de úteis, ao comodatário é aplicado o regime de possuidor de má fé – artigos 1273.º e 1275.º do CC, pelo que apenas tem o direito de as levantar e, só no caso de haver detrimento da coisa, neste caso o prédio em causa, ele tem direito ao seu valor, calculado segundo as regras do enriquecimento sem causa.

Não tendo o réu provado essa impossibilidade, não tem direito à indemnização pedida, além de que destinando-se o prédio à construção urbana, o levantamento das benfeitorias nenhum detrimento lhe causará.[77]

O artigo 1138.º, n.º 1, do CC, é expresso na equiparação do comodatário, quanto a benfeitorias, ao possuidor de má fé.

O comodatário não beneficia do direito de acessão, pelas obras que realiza no prédio, mesmo com autorização do comodante.[78]

ARTIGO 1139.º

(Solidariedade dos comodatários)

Sendo dois ou mais os comodatários, são solidárias as suas obrigações.

---

[76] Ac. do STJ de 18/12/2003, processo n.º 03B3612, disponível em http://www.dgsi.pt..

[77] Ac. do STJ de 29/05/1979, processo n.º 067830, disponível em http: // www. dgsi. pt..

[78] Ac. da RP de 07/03/1995, processo n.º 9440291, disponível em http: // www. dgsi. pt..

Apontamentos:

No regime do comodato as obrigações do comodatário estão enunciadas nos artigos 1135.º e ss. do CC, sendo certo que, por força do estabelecido neste preceito, sendo dois ou mais os comodatários são solidárias as suas obrigações.

Sabe-se que a solidariedade de devedores ou credores só existe quando resulte da lei ou da vontade das partes (art. 513.º do CC), sendo portanto um regime excepcional.

Ora, a disposição legal em análise, é uma das que prescreve o regime da solidariedade passiva legal dos comodatários apenas em relação ao comodante.

Assim, mesmo que os danos sejam imputáveis a um ou alguns dos comodatários, o comodante pode exigir a qualquer deles, por inteiro, a indemnização a que tenha direito por força dos prejuízos que sofreu (arts. 512.º, n.º 1 e 519.º, n.º 1, ambos do CC). Ao devedor solidário demandado não é lícito opor o benefício da divisão; e, ainda que chame os outros devedores à demanda, nem por isso se libera da obrigação de efectuar a prestação por inteiro (art. 518.º do CC). Este chamamento é feito através do incidente de intervenção principal provocada previsto nos arts. 325.º e ss. do CPC.

A intervenção dos convedores não dispensa o devedor demandado pelo credor de efectuar a prestação exigida, ou seja, correspondente à totalidade da dívida ou a uma parte superior à sua quota nas relações internas. Traz-lhe, porém, duas apreciáveis vantagens: a de os outros devedores colaborarem na defesa; e a de que fica, desde logo, munido de título executivo para o exercício do direito de regresso contra eles. Se os intervenientes não puserem em causa o direito do autor, limitando-se a impugnar a solidariedade da dívida, o réu primitivo é condenado no pedido no despacho saneador, prosseguindo a acção entre o autor do chamamento e o ou os chamados, para se decidir a questão do direito de regresso.[79]

---

[79] Almeida Costa, Direito das Obrigações, 8.ª ed., p. 607, nota de rodapé n.º 2.

Por outro lado, é possível a renúncia à solidariedade a favor de um ou alguns dos devedores, o que não prejudica o direito do credor relativamente aos restantes, contra os quais conserva o direito à prestação por inteiro – art. 527.º do CC.

No que respeitas às relações internas dos devedores solidários entre si, satisfeito por algum deles o direito do credor, por alguma das formas previstas no art. 523.º do CC, ficam os restantes exonerados relativamente ao credor comum.

O devedor solidário que satisfizer o direito do credor além da parte que lhe competir tem direito de regresso contra cada um dos condevedores, na parte que a estes compete – art. 524.º do CC. E, não resultando outra coisa da relação jurídica, presume-se que todos eles comparticipam em partes iguais na dívida – art. 516.º do CC.

Porém, já em relação aos direitos que assistam aos comodatários, por força do disposto no citado art. 513.º do CC, são eles meros credores conjuntos. A disposição legal em análise também não contempla a responsabilidade dos comodatários em relação a terceiros.

Suponha-se o seguinte exemplo: A empresta a sua casa a B, C, e D, a fim de estes aí passarem férias por altura do Natal. C e D saem, e B toma a decisão de acender a lareira, provocando um incêndio que danifica a casa.

De harmonia com o regime estabelecido nesta disposição legal, que estabelece a solidariedade entre os devedores, e uma vez que houve violação da obrigação de guardar a coisa comodatada, A pode pedir responsabilidade por inteiro a C e D, ou a qualquer deles, embora os danos sejam imputáveis a B, ficando os restantes devedores exonerados em relação ao credor comodante.

O comodatário que cumpra a obrigação por inteiro fica com o direito de regresso em relação ao seu ou seus condevedores, podendo exigir dele ou deles a parte que lhes cabia na obrigação comum (são os efeitos das relações internas no regime da solidariedade passiva).

Artigo 1140.º

(Resolução)

Não obstante a existência de prazo, o comodante pode resolver o contrato, se para isso tiver justa causa.

Apontamentos:

Havendo justa causa, e não obstante a existência de prazo, o comodante pode resolver o contrato se para isso houver justa causa.

A lei não expressa o que deva entender-se por justa causa de resolução do contrato de comodato.

A problemática da justa causa, como conceito indeterminado, deve ser aferida em concreto, isto é, segundo as circunstâncias envolventes da acção ou da omissão do comodatário. Será justa causa qualquer circunstância, facto ou situação em face da qual, e segundo a boa fé, não seja exigível a uma das partes a continuação da relação contratual.

Os Professores P. Lima e A. Varela dizem que a justa causa terá de ser apreciada, em cada caso, pelo tribunal, sendo aplicáveis à resolução do comodato as disposições dos artigos 432.º e ss., convenientemente adaptadas à natureza gratuita do acto.[80]

Assim, em princípio, é susceptível de constituir justa causa de resolução do contrato de comodato a violação pelo comodatário das obrigações que sobre ele recaem, e que se encontram previstas no art. 1135.º do CC, bem como outras que tenham sido clausuladas pelas partes contraentes.[81]

---

[80] CC Anotado, Vol. II, 4.ª ed., p. 760.

[81] Cfr. a este respeito o Ac. da RL de 25/5/2000, CJ, Ano XXV, 3.º-99.

Já se referiu, em anotação ao art. 1129.º, que o contrato de comodato é gratuito, não ficando, por via dele, o comodatário onerado com qualquer obrigação que seja contrapartida da atribuição efectuada pelo comodante. E, conforme se disse na altura, a gratuidade do comodato não impede que o comodante possa impor ao comodatário certos encargos, tais como, pagar as prestações mensais do empréstimo contraído pelo comodante para a compra da fracção, pagar a contribuição predial, os prémios de seguro de incêndio, as quotas-partes das despesas de condomínio, etc.. Pois bem, o incumprimento de qualquer um destes encargos, por parte do comodatário, pode justificar a resolução do contrato por justa causa.

Se o prédio rústico foi emprestado para o comodatário nele instalar cavalos para aprendizagem de tauromaquia, não pode aquele dar-lhe outro fim, ali plantando, por exemplo, pés de vinha. Caso o faça, estará a violar a obrigação a que alude a alínea c) do art. 1135.º do CC, o que pode constituir justa causa de resolução do contrato.

Esta justa causa pode ser objectiva, conforme refere Pedro Romano Martinez, citando Menezes Leitão, ou seja, os motivos não estão relacionados com o incumprimento culposo da contraparte, mas com a necessidade superveniente de o comodante usar a coisa emprestada. Porém, esta faculdade só encontra justificação no caso de se ter acordado o prazo de duração do contrato, pois, caso contrário, o comodante poderá livremente denunciar o contrato (art. 1137.º, n.º 2, do CC).[82]

Admitindo a lei que o contrato de comodato pode, não obstante a fixação de prazo, ser resolvido pelo comodante com fundamento em justa causa, por maioria de razão é admissível idêntica solução no caso de não ter sido estipulado prazo.[83]

---

[82] Da Cessação Do Contrato, p. 362.
[83] Ac. da RC de 13/3/1979: BMJ, 289.º-384.

Por isso, o regime constante deste preceito é aplicável mesmo que não se tenha convencionado prazo e não tenha decorrido o tempo necessário para o uso concedido, seja por interpretação extensiva[84], seja por maioria de razão.[85]

Em nenhum dos preceitos do regime do comodato se reconhece ao comodatário, pelo menos de forma expressa, o direito a resolver o contrato em caso de incumprimento do comodante. Porém, e segundo Pedro Romano Martinez, não se pretende afastar o regime geral de resolução do contrato fundada em incumprimento da contraparte (art. 801.º, n.º 2, do CC). Embora neste preceito só consta a possibilidade de resolução por incumprimento de obrigação que tenha por fonte um "contrato bilateral" e o comodato poderá ser um contrato não sinalagmático, o incumprimento de deveres obrigacionais por parte daquele que não se encontra vinculado à realização de uma prestação justifique a resolução a exercer pela contraparte, mas essa via não estará excluída, porque a resolução pode decorrer do incumprimento de prestações secundárias ou acessórias, desde que, por exemplo, num contrato de execução continuada, seja quebrada a relação de confiança.[86]

Como o comodato é um contrato de execução continuada ou periódica, visto se prolongar a utilização da coisa emprestada até à sua restituição, a resolução do contrato não tem efeito retroactivo, mantendo-se tudo aquilo que tiver sido prestado (arts. 277.º, n.º 1 e 434.º, n.º 2, ambos do CC).

---

[84] Ac. do STJ de 17/03/1994, BMJ 435.º-805.

[85] Cfr. o citado Ac. da RC de 13/03/1979, BMJ, 289.º-384.

[86] Da Cessação Do Contrato, p. 361-362.

Artigo 1141.º

(Caducidade)

O contrato caduca pela morte do comodatário.

Apontamentos:

A morte do comodatário determina a caducidade do contrato. Como o contrato de comodato é celebrado *intuitu personae* no que respeita à pessoa do comodatário, não se justifica a subsistência do vínculo em relação aos herdeiros deste. De modo diverso, a morte do comodante não acarreta a caducidade do contrato.[87]

Mas isto não significa, que no exercício da liberdade contratual, que decorre do disposto no art. 405.º, n.º 1, do CC, as partes não possam legalmente convencionar que os efeitos do contrato de comodato subsistam para além da morte do comodatário, continuando o vínculo em relação aos herdeiros deste.

Existindo contrato de comodato, este extingue-se com a morte da comodatária. O que se reflecte no contrato de subcomodato, que terá igual sorte. Não tendo sido convencionado prazo para a restituição da coisa, esta terá que ocorrer logo que seja exigida.[88]

O funcionamento desta disposição legal só assume particular relevo quando as partes não estabeleçam um termo para o contrato de comodato.

"O contrato de comodato não caduca por morte do comodante, mas só do comodatário.

---

[87] Cfr. Pedro Romano Martinez, Da Cessação Do Contrato, p. 360.
[88] Ac. da RL de 20/10/1987: CJ, 1987, 4.º-157.

Artigo 1141.º – Caducidade

Tratando-se de um contrato e não de uma deixa "post mortem", o contrato não tem de revestir forma especial e, por isso, pode provar-se por qualquer meio, designadamente por testemunhas".[89]

Vai também neste sentido o entendimento do Professor Menezes Leitão, para quem, ocorrendo a morte do comodante, os herdeiros deste estão obrigados a respeitar o prazo estabelecido no contrato, uma vez que nele sucedem, podendo, no entanto, resolver o contrato se para isso tiverem justa causa (art. 1140.º).[90]

---

[89] Ac. da RP de 07/06/1993, processo n.º 9250085, disponível em http: // www.dgsi. pt..

[90] Direito Das Obrigações, Vol. III, Contratos Em Especial, 3.ª ed., p. 383-384.

Minutas sobre o contrato de comodato

Minuta número 1

CONTRATO DE COMODATO

Ao segundo dia do mês de Janeiro de 2005 os abaixo assinados **José Baptista Da Cunha** e **Maria Teresa DE Jesus,** o primeiro, divorciado, residente na Travessa do Alecrim, n.º 8, 2.º dt.º Lisboa, como comodante, e a segunda, maior, como comodatária, celebram o presente contrato de comodato que tem por objecto a fracção designada pela letra "A" correspondente ao terceiro andar direito, que faz parte do prédio urbano constituído em regime de propriedade horizontal, sito na Praceta Do Bem Viver, freguesia do Pragal, concelho de Almada, inscrito na respectiva matriz sob o artigo 252, descrito na Segunda Conservatória do Registo Predial de Almada sob a descrição número doze mil trezentos e noventa e dois do livro B-trinta e quatro, registado sob o dito regime pela inscrição número três mil quinhentos e oitenta e oito do livro F--três, o qual se regerá pelas seguintes Cláusulas:

Cláusula Primeira

Este empréstimo é pelo prazo de um ano, a começar no dia 2 de Janeiro de 2005, prazo que as partes consideram suficiente até que seja concedido à comodatária um empréstimo solicitado a uma Instituição Bancária, a fim desta adquirir habitação própria e mobilá-la, para nela viver com o seu agregado familiar.

Cláusula Segunda

Com a assinatura deste contrato, o comodante entrega à comodatária a fracção supra identificada.

Cláusula Terceira

A fracção é emprestada com todas as mobílias que se encontram no seu interior, melhor identificadas no anexo a este contrato, destina-se a ser utilizada como habitação da comodatária e seu agregado familiar, não podendo esta proporcionar a terceiro o uso do imóvel, excepto se o comodante o autorizar por escrito.

Cláusula Quarta

A comodatária obriga-se a pagar as prestações mensais do empréstimo contraído pelo comodante para a compra da fracção, no valor de 400,00 euros, pagando também o Imposto Municipal sobre Imóveis, os prémios de seguro de incêndio, as quotas-partes das despesas de condomínio, bem como o consumo da água municipalizada que consumir para seus usos domésticos, energia eléctrica e gás canalizado que gastar.

Cláusula Quinta

À comodatária não é permitido fazer obras ou benfeitorias, a não ser as de conservação, sem autorização do comodante, por escrito, ficando estipulado que as que fizer ficam pertencendo ao prédio, não podendo a comodatária alegar retenção ou pedir por elas qualquer indemnização.

Cláusula Sexta

O incumprimento por parte da comodatária de qualquer dos encargos previstos na cláusula quarta do presente contrato, permite ao comodante resolver de imediato o contrato.

Cláusula Sétima

Decorrido o prazo referido na cláusula primeira está a como-datária obrigada a restituir ao comodante a fracção emprestada, bem como as mobílias que nela se encontram, independentemente de qualquer interpelação nesse sentido, salvo se, por acordo escrito das partes, prorrogarem o contrato nos termos e condições a definir.

Cláusula Oitava

A comodatária é obrigada a restituir a fracção no bom estado de conservação em que a recebeu, ressalvadas as deteriorações inerentes a uma prudente utilização.

Cláusula Nona

Findo o contrato, por cada mês de atraso na restituição da fracção, pagará a comodatária ao comodante a quantia de 400,00 euros, a título de cláusula penal.

Cláusula Décima

Em tudo o que estiver omisso regulam as disposições legais aplicáveis.

*

Este contrato foi feito em duplicado, ficando cada um dos outorgantes, após a sua assinatura neste escrito, com uma cópia do mesmo.

*

O Comodante _____

A Comodatária _____

Minuta número 2

Primeiro contraente: SportCar, S.A., pessoa colectiva número 906300220, com sede na Avenida da Velocidade, n.º 5, em Lisboa, matriculada na Conservatória do Registo Comercial de Lisboa sob o n.º 100355, com o capital de 200.000,00 euros, aqui representada pelo seu director do Departamento de Pessoal, Dr. António de Campos.

Segunda contraente: Maria Júlia Ramos Camolas, solteira, maior, contribuinte fiscal n.º 158310650, portadora do bilhete de identidade n.º 455662, emitido em 10 de Fevereiro de 2002 pelo Arquivo de Identificação de Lisboa, residente na Rua do Aires, n.º 7-2.º dt.º, em Cascais.

Entre os contraentes é celebrado o presente contrato individual de trabalho, que se rege pelas seguintes cláusulas:

Primeira

A primeira contraente é concessionária da marca de automóveis "Ninguém me apanha", para a zona da grande Lisboa.

Segunda

A primeira contraente admite ao seu serviço a segunda contraente, com a categoria profissional de vendedora de automóveis, sob a sua autoridade e direcção.

Terceira

O local de prestação do trabalho é na sede da primeira contraente, sita na Avenida da Velocidade, n.º 5, em Lisboa.

Quarta

O período normal de trabalho da segunda contraente é de terça-feira a sábado, das 9.00 às 12h30m e das 14h00 às 18h30m.

Quinta

A primeira contraente pagará à segunda contraente a retribuição mensal ilíquida de 500,00 euros, sobre a qual incidirão os descontos, sendo o pagamento efectuado no último dia útil de cada mês.

Sexta

Acresce à retribuição prevista na cláusula anterior, 1% sobre o preço de cada uma das viaturas que seja vendida pela segunda contraente.

Sétima

A segunda contraente terá ainda direito, para além do subsídio de férias a pagar até 15 de Julho de cada ano, a receber no dia 15 de Dezembro, também de cada ano, o subsídio de Natal de montante igual ao da retribuição base.

Oitava

Na data da assinatura do presente contrato, será entregue e confiado à segunda contraente um automóvel da marca "Ninguém me apanha", para serviço de prospecção de vendas, com a matrícula 00-00-XX, cor amarela, no valor de 10.500,00 euros.

Nona

Este automóvel fica a cargo e responsabilidade da segunda contraente, que além de o utilizar no âmbito das suas funções de prospecção de mercado, poderá ainda utilizá-lo nas suas deslocações emprego/casa.

Décima

A segunda contraente entregará à primeira o automóvel identificado na cláusula oitava, logo que seja posto termo ao presente contrato.

Lisboa, 2 de Janeiro de 2005.

A primeira contraente: _____

A segunda contraente: _____

BIBLIOGRAFIA

BASTOS, RODRIGUES – Notas Ao Código Civil, Volume IV.

CID, NUNO DE SALTER – A Protecção Da Casa De Morada Da Família No Direito Português.

COELHO, PEREIRA – O Problema Da Causa Virtual Na Responsabilidade Civil.

CORDEIRO, MENEZES – Direitos Reais.

COSTA, ALMEIDA – Direito Das Obrigações, 8.ª edição.

– Contrato-Promessa.

FERREIRA, FERNANDO AMÂNCIO – Curso De Processo De Execução.

FREITAS, LEBRE DE – A Acção Executiva, 3.ª edição.

GERALDES, ABRANTES – Temas Da Reforma Do Processo Civil, IV Volume.

GOMES, ORLANDO – Contratos, 2.ª edição.

JORGE, FERNANDO PESSOA – Direito Das Obrigações.

LEITÃO, LUÍS MANUEL TELES DE MENEZES – Direito Das Obrigações, Volume III, Contratos Em Especial, 3.ª edição.

LIMA, PIRES DE / VARELA, ANTUNES – Código Civil Anotado, Volume II, 4.ª edição.

MACHADO, BAPTISTA – CJ, XIV, 2.º-22.

MARQUES, REMÉDIO – Curso DE Processo Executivo Comum.

MARTINEZ, PEDRO ROMANO – O Subcontrato.

– Da Cessação Do Contrato.

MESQUITA, JOSÉ ANDRADE – Direitos Pessoais De Gozo.

MESQUITA, MIGUEL – Apreensão De Bens Em Processo Executivo E Oposição De Terceiro, 2.ª edição.

MONTEIRO, ANTÓNIO PINTO – Cláusulas Limitativas E De Exclusão De Responsabilidade Civil.

PINTO, CARLOS ALBERTO DA MOTA – Cessão Da Posição Contratual.

PRATA, ANA – O Contrato Promessa E O Seu Regime Civil.

RODRIGUES, MANUEL – A Posse.

SERRA, ADRIANO VAZ – Anotação ao Acórdão do STJ de 29/01/1980, RLJ, Ano 114.º, p. 21;

– Direito de Retenção, BMJ n.º 65; RLJ, Ano 104.º, p. 297-298.

TELLES, GALVÃO – Direito Das Obrigações, 6.ª edição.

VARELA, ANTUNES – Das Obrigações Em Geral, Volume I, 10.ª edição.

ÍNDICE

Nota Introdutória 5

Artigo 1129.º (Noção) 7

Artigo 1130.º (Comodato fundado num direito temporário) 17

Artigo 1131.º (Fim do contrato) 19

Artigo 1132.º (Frutos da coisa)............................... 21

Artigo 1133.º (Actos que impedem ou diminuem o uso da coisa) 22

Artigo 1134.º (Responsabilidade do comodante) 34

Artigo 1135.º (Obrigações do comodatário)............. 36

Artigo 1136.º (Perda ou deterioração da coisa)....... 41

Artigo 1137.º (Restituição) 46

Artigo 1138.º (Benfeitorias) 60

Artigo 1139.º (Solidariedade dos comodatários)...... 66

Artigo 1140.º (Resolução)....................................... 69

Artigo 1141.º (Caducidade) 72

Minutas sobre o contrato de comodato............................. 75

Bibliografia 87